EL MARTIRIO DE LOS SUICIDIAS

SUS SUFRIMIENTOS INDESCRIPTIBLES

Almerindo Martins de Castro

Traducción al Español:

J.Thomas Saldias, MSc.

Trujillo, Perú, Octubre, 2023

Título Original en Portugués:
"O Martirio dos Suicidas"

Traducido al Español de la 7ma edición portuguesa.

World Spiritist Institute
Houston, Texas, USA
E- mail: contact@worldspiritistinstitute.org

Del Traductor

Jesús Thomas Saldias, MSc, nació en Trujillo, Perú.

Desde los años 80s conoció la doctrina espírita gracias a su estadía en Brasil donde tuvo oportunidad de interactuar a través de médiums con el Dr. Napoleón Rodriguez Laureano, quien se convirtió en su mentor y guía espiritual.

Posteriormente se mudó al Estado de Texas, en los Estados Unidos y se graduó en la carrera de Zootecnia en la Universidad de Texas A&M. Obtuvo también su Maestría en Ciencias de Fauna Silvestre siguiendo sus estudios de Doctorado en la misma universidad.

Terminada su carrera académica, estableció la empresa *Global Specialized Consultants LLC* a través de la cual promovió el Uso Sostenible de Recursos Naturales a través de Latino América y luego fue partícipe de la formación del **World Spiritist Institute**, registrado en el Estado de Texas como una ONG sin fines de lucro con la finalidad de promover la divulgación de la doctrina espírita.

Actualmente se encuentra trabajando desde Perú en la traducción de libros de varios médiums y espíritus del portugués al español, habiendo traducido más de 250 títulos, así como conduciendo el programa "La Hora de los Espíritus."

PREFACIO

"Las razones del suicidio son de naturaleza temporal y humana; las razones de vivir son de naturaleza eterna y sobrehumana."

Léon Denis, *El problema del ser, el destino y el dolor*, capítulo X, 9ª edición de FEB.

Esta es una nueva edición de "*El Martirio de los Suicidas*". Nuestro siempre dinámico y jovial compañero, Almerindo Martins de Castro, a pesar de tener poco más de noventa años, hizo algunas modificaciones y añadidos al texto, sin ampliar excesivamente su contenido.

Algunos se preguntarán por qué esta obra continúa en la línea editorial de la Casa de Ismael, cuando hoy contamos, en la vasta literatura espírita, especialmente mediúmnica, con numerosos y sustanciales tratados que prácticamente agotan el tema. Tenemos libros de André Luiz, psicografiados por Francisco Cândido Xavier y Waldo Vieira, varios de ellos relacionados con los problemas de las personas suicidas en ambos niveles de la vida; tenemos los de la mediumnidad de Yvonne A. Pereira, de los cuales las monumentales "*Memorias de un suicida*", dictadas por Camilo, que revela en detalle todas las aventuras de la historia del suicida; y finalmente, tenemos obras de Divaldo P. Franco, como "*En los Bastidores de la Obsesión*", dictada por Manoel Philomeno de Miranda, y otros médiums e investigadores.

La respuesta es simple. Este pequeño libro pretende llevar a cabo una urgente misión de rescate, a ser convocado por aquellos que están angustiados y desesperados, atormentados o desilusionados, derrotados y desorientados, víctimas del negativismo y la rebelión, y que, precisamente por eso, se quejan o suplican aclaración completa a las dudas y problemas que los convulsionan, pero en unas pocas líneas, en pocas palabras, aun a tiempo de liberarse de la idea de la autodestrucción.

Navegando los mares del mundo, contamos con los más bellos y perfectos barcos transatlánticos, construidos según la más depurada técnica y equipados con los más exquisitos instrumentos; sin embargo, en ellos también encontramos las diminutas embarcaciones que a veces esconden las olas, pero que, en momentos de peligro, son las que realizan la tarea de rescate. El librito de Almerindo es uno de estos barcos, que lleva dos generaciones humanas recogiendo náufragos exhaustos.

¿Cuántas vidas ha salvado, cuántos desastres terribles, cuánta viudez y orfandad, cuánto sufrimiento ha logrado detener? Solo Dios lo sabe. Mientras que el suicidio va en aumento, y en ciertos ámbitos lamentablemente aumenta, ya sea inspirado por el dolor y las dificultades, o motivado por el aburrimiento, en el caso de aquellos que están sobre satisfechos con los bienes de la materialidad mundana, alejados de la fe razonada y confianza en Dios, este pequeño manual de clarificación debe seguir circulando entre la miseria moral y espiritual del mundo, en portugués y español y, esperemos, en otras lenguas, cumpliendo su misión salvadora y clarificadora de conciencias.

Los enigmas del Ser, del Destino, de la Vida y de la Muerte son resueltos satisfactoriamente por el Espiritismo. Pero los que todavía no lo aceptan son también hermanos que, en sus dificultades, necesitan de nuestro apoyo y de nuestra aclaración, en el nombre del Cristo de Dios. En el capítulo sobre la predisposición al suicidio, no dudemos: llevemos medicina, alimento y refugio al hombre espiritualmente agotado, a través de este pequeño libro, similar a lo que hizo aquel servicial viajero que descendía de Jerusalén a Jeri a los heridos. hombre del camino.co y a quien la historia evangélica inmortalizó como "el buen samaritano."

El Editor

Río de Janeiro- RJ,

24 de agosto de 1978.

Una de las ilusiones más desastrosas de la criatura humana es suponer que la muerte del cuerpo aniquila la conciencia de la personalidad.

Al juzgar que la función intelectual es exclusiva de la masa cerebral, y que el alma o espíritu no puede existir separadamente del cuerpo, muchos concluyen que cortar el hilo de la vida material implica extinguir para siempre a la criatura, disolviendo en la tumba de descomposición todos los sentimientos e ideas que caracterizaban cualquier personalidad.

Éste es el triste y terrible error del suicida.

Nacida en la Tierra para realizar una determinada tarea, que a menudo implica duras luchas, la criatura siente a menudo que le falta el coraje para afrontar ciertas amarguras y es abandonada por la puerta falsa del suicidio, una verdadera trampilla que hunde a la víctima en un oscuro abismo de mayor dolor y aislamiento total.

La vida es un gran logro de la solidaridad humana.

De manera similar a lo que sucede en el reino vegetal, donde a cada planta le corresponde un propósito, cada criatura tiene su propia tarea laboral que realizar, por valor del fruto que el árbol debe producir.

Lanzada a la tierra, la semilla germina y contribuye a la vida común. Si falla, es reabsorbido - en una química insondable y subterránea - , de modo que vuelve a constituir un elemento que genera los frutos que no dio.

Así, el espíritu, lanzado a la vida de los mundos, debe germinar en actos y sentimientos que merezcan un trabajo progresivo, un trabajo que lo mejore y lo eleve cada vez más en la escala de la ascesis moral. Si fracasa, atraído y atrapado por sentimientos y acciones inferiores, debe renacer para lograr este progreso, que es el fin supremo de la Creación.

En esta ley incoercible, de renacimiento y reparación de los errores de existencias anteriores, reside para muchos el misterio de la vida, misterio que algunos creen desvelado por las hipótesis de la Ciencia, y otros suponen resuelto por los ritos y enseñanzas de la religiones dogmáticas.

Pero, unos y otros, cuando se encuentran en las garras del sufrimiento, habiendo agotado todos los recursos de la sabiduría humana, recurren a menudo al suicidio, con la ilusoria esperanza que, una vez muerto el cuerpo, las torturas de la enfermedad y los pensamientos que se rebelan contra ellos el acicate del dolor. Sin embargo, tan pronto como el incauto que sufre asesta el golpe contra su propia existencia, he aquí, el espíritu o alma, liberado de las ataduras restringidas del cadáver humano, muestra al infortunado desertor que la vida de cada ser reside, no en la carne. del cuerpo perecedero, pero en un principio - indefinible en el lenguaje de la Tierra - inmortal, eterno, subordinado a leyes que imponen deberes ineludibles, obligaciones que debe cumplir a través de vidas sucesivas, tantas como sean necesarias para llegar al destino espiritual.

El espíritu no se separa del cuerpo, porque la ruptura del vínculo que une a uno con el otro solo se produce - normalmente - cuando el desprendimiento se produce sin la violencia arbitraria del acto suicida.

Por mucho que los sabios lo nieguen y otros creyentes lo duden, lo cierto es que cada persona tiene prefijado su propio tiempo de existencia terrena, y ningún poder - humano - puede cambiarlo, ni por más ni por menos. El suicidio detiene la trayectoria del espíritu, haciéndolo detenerse violentamente en el camino trazado previamente, hasta que pueda retomar su marcha normal en su camino.

En un paralelo material, esta situación se puede comparar con la de un vehículo que, con un destino previo, se precipita repentinamente a un acantilado, con las ruedas rotas. Antes que sea reparado y devuelto al camino del que cayó, no podrá retomar su viaje y llegar al final de su recorrido.

Esto es lo que nos aseguran los espíritus de los suicidas. Esto es lo que nos dice, en expresiones tristes, una comunicación mediúmnica del espíritu Hermes Fontes, el nimbo serbio Vate (1888

- 1930) que, el 26 de diciembre, cortó el hilo de la vida en este mundo, en la certeza facticia que la tumba sería el epílogo de sus decepciones como hombre y como poeta:

"Me tragó la vorágine de lo desconocido...

Me aislé demasiado de la vida, y en mi profundo y fatal retraimiento solo me acompañó el dolor.

No sabía cómo integrarme en él. Y, tomando forma de los espectros internos de mis propias pesadillas, de mis dudas íntimas, para escapar de sus tentáculos atroces, soñé y planeé la voluptuosidad de la aniquilación.

La vida exige el intercambio de emociones: el interior y el exterior deben casarse, sin que las nefastas figuras del desánimo y la muerte se apoderen de nuestra individualidad.

Es en la integración del hombre en la vida donde reside la felicidad.

Quien se aísla del mundo y busca realizar su vida solo en su interior, sufre la asfixia de sus sueños y esperanzas.

La muerte tiene, para los desilusionados, el aspecto deslumbrante de Canaán.

El último sueño de los vencidos es la muerte... ¡Pero, oh almas desilusionadas, dirijan la mirada de sus esperanzas hacia otros horizontes!

¡No hay muerte! ¡Nadie puede eliminar de sí mismo la vida, que es inmortal!

Romper el equilibrio orgánico de la materia solo es provocar un estado de vida en el que los errores son más claros para el espíritu, ¡y el dolor duele mucho más!

¡No se dejen seducir, desilusionar, por el espejismo de la muerte!

No es el Canaán de tus sueños; no es la tranquilidad lo que desean; no es la aniquilación lo que te seduce, como me sedujo a mí...

¡Es simplemente la puerta de la tumba que conduce a la conciencia de nuestro propio dolor!

Si quieres el remedio para tu decepción, para tu dolor, para tu dolor, ámalos.

La única manera de superar los espectros de la aniquilación, las figuras fatales de la sombra, es aceptarlos y amarlos.

¡Estas son etapas precisas en la evolución de nuestras vidas! ¡No hay muerte! ¡El suicidio empeora y acentúa la vida!"

Y no lo dijo solo en la expresión común de todos, sino también en la identificación de rimas, bellas y perfectas, en la línea de aquellas que hicieron su gloria literaria entre los hombres:

"Un día me sentí como si fuera el legendario desafortunado y duro y caminé en el mundo triste y solitario, sintiendo frío en mi alma sufriente.

Soñé con la muerte el camino de la salvación A mi gran martirio imaginario, y sin darme cuenta de mi trágica locura, me hundí en una oscuridad aterradora.

Tantas veces mi alma enferma y afligida soñó con la paz nirvánica, infinita, y solo tengo el dolor que me devora.

Oh Señor, alivia mis dolores, que todavía soy, entre lágrimas terrenales, un barro mortal que sufre y llora.

Antes que nuestras vidas terminaran en el remolino de polvo de la tumba, antes de la muerte estaba la noche oscura donde el ser nunca más despertaría.

¡Oh! ¡Si nuestra existencia terminara, la desventura ciertamente cesaría!

Sin embargo, la vida es el bien que se busca, morir es ver la vida cara a cara.

Pero si sufro, oh Dios misericordioso, es porque soy un criminal, un delincuente y un enfermo sin paz y sin salud.

Perdona mi alma si blasfemo, coloca en mi corazón el don supremo de la humildad que es aureola de virtud."

El verdadero sufrimiento comienza en el momento del suicidio. Todos los relatos de las víctimas de tal locura son unánimes en la descripción del dolor vinculado al tipo de muerte elegida.

Si es un veneno corrosivo, el ardor insoportable de la quemadura, destruyendo todo el esófago, el estómago, los intestinos, en la sensación de máxima intensidad; si un proyectil de arma de fuego, el dolor de la herida, permanente, tiránico, que impide todo razonamiento, eso no gira en torno a este sufrimiento; ya sea la asfixia, por el ahogamiento o el ahorcamiento, la falta absoluta de aire, el deseo desesperado de respirar, en las contorsiones desordenadas de quienes luchan con sus últimas fuerzas por no morir; si quemando la ropa, la angustia indescriptible de la destrucción de la propia carne, una tortura que las palabras no pueden describir y que provoca en la víctima verdaderos gritos de dolor, insoportables y conmovedores hasta la máxima sensibilidad. Y así ven a almas suicidas pasar el tiempo, sin más conciencia de ello, hasta cumplir lo que estaba marcado en el reloj de su vida terrena, cuando reencarnaron.

Y el suplicio adquiere mayor importancia en el pensamiento y en el sentimiento, porque el espíritu, en su aislamiento del dolor, pierde la noción del tiempo y tiene la impresión que sufrirá para siempre.

Colocado en un círculo de oscuridad, formado por la propia víctima - que se aísla de todo para pensar solo en sus dificultades - , el espíritu crea la sensación de estar en un desierto oscuro, donde sus gritos y gemidos tienen resonancias espeluznantes, y su voz es nunca escuchada, escuchada por alguien.

Si visita lugares vinculados a la causa del suicidio, en todos ellos el espíritu sufre, sintiéndose arrastrado por un torbellino, que no le permite razonar con precisión sobre ninguno de los problemas de su propio "yo", ya que todo gira en torno al idea central que lo llevó al delito de auto homicidio.

Ininterrumpidamente, llora, blasfema, suplica, en un medio delirio conmovedor, pero irremediable.

La carne, desgarrada por el filo de un puñal, requiere un período imperativo para curarse; el alma, golpeada por el golpe demoledor del suicidio, necesita un lapso irrevocable de sufrimiento para curar el daño moral. Los testimonios son innumerables y uniformes.

Cualquiera que sea la condición social o la creencia religiosa, el acusado de este crimen contra la mayor ley de la vida sufre, casi siempre en rebelión, la presión de la fuerza incoercible que lo atrapa en un nuevo sufrimiento, cuando el motivo del suicidio fue precisamente el deseo de escapar al dolor, a la amargura que es intolerable de soportar. Y, a veces, la creencia se convierte en un aumento de las aflicciones, porque el individuo la desprecia y la rechaza, encontrándola incapaz de mitigar el abatimiento moral de quien se encuentra en el precipicio, donde se desliza para hundirse en la muerte. Pero, una vez consumado el acto criminal, la realidad finalmente demuestra que el error reside en que las criaturas no se ajustan a los imperativos del destino, sino que pretenden que la vida se moldee según sus goces e intereses de toda índole.

Es desde el más allá que nos llegan los testimonios de estas verdades en los testimonios de las almas crucificadas y arrepentidas, llorosas y compungidas, impidiendo los pisoteos del dolor terrenal que aquí es la amargura bendita redención de las faltas cometidas en vidas anteriores, mientras que el auto homicidio es un nuevo y pesado delito que genera mayor e irremediable sufrimiento.

No importa que los pensamientos engañosos enmascaren este ataque con formas de supuesto altruismo o con apariencias ficticias de amor, que no es más que egoísmo disfrazado.

Con gran tristeza, conmovedora y resignada, llegó a una adecuada habitación espírita el testimonio de una joven, que había sido muy buena criatura en la Tierra, hija entregada, sumamente religiosa, católica practicante, perteneciente al gremio de las Hijas de María en la iglesia a la que asistía.

Con un empleo relativamente bien remunerado, se dedicó a cuidar de su anciana madre, de quien se había convertido en el sostén de la familia, ya que no tenían otros parientes vivos. Pero, por tener excelentes sentimientos y ser irreprochable en su conducta, la joven fue objeto de muchos elogios por parte del sacerdocio de la sacristía, y esto la impresionó bastante gratamente, generando tal vez en ella un fondo de vanidad excusable.

Una vez, al pasar junto a un grupo de sacerdotes, los escuchó decir:

– ¡Esta niña, si muriera hoy, iría directa al Cielo! – Y se dio cuenta que la frase fue apoyada y repetida por todos, quienes voltearon a mirarla.

Tales palabras penetraron en lo más profundo de su espíritu y profundizaron su influencia, creando en su imaginación de creyente acostumbrada a las promesas de bendiciones y perdones en masa, una imagen milagrosa de bienaventuranza celestial.

– ¡Ir al cielo! – Repetía la niña, camino a casa, deslumbrada por la visión que su fantasía forjaba en sus pensamientos.

Y, cada vez más excitada por la idea de acudir a la Virgen María, llegó a casa, entró en una habitación y se suicidó.

El espíritu de la joven narra:

> "Mi desgracia, ahora, no se compone de dolor – que mi cuerpo no tuvo – , ni de remordimiento, porque nunca he hecho mal a mi prójimo; sino de la contemplación de los sufrimientos de mi infeliz madre.
>
> Huyendo de la vida, le causé el dolor más grande de toda su existencia, y por mí lloró todas las lágrimas de sus ojos. Cada sollozo, cada lamento de sus labios me dolía el alma, como puñales de fuego. Luego, cuando pude ver, vinieron a mis ojos las imágenes de la miseria, el hambre y el frío que ha estado pasando mi pobre madre, luego que le faltara el apoyo que yo le brindaba con los frutos de mi trabajo.

Rodando en casa de extraños, pidiendo limosna, comiendo lo que sobra, incluso en contrà de sus papilas gustativas; llevando restos de ropa, a veces insuficientes para mitigar el frío; mirada con indiferencia por todos, nadie la acaricia, ni le dice palabras de consuelo; nadie se ocupa de su salud y muchas veces ha sentido que se estaba muriendo, sin la ayuda de ningún medicamento.

Tal es mi tortura en todo momento: la imagen del sufrimiento de mi madre nunca desaparece de delante de mí. Se diría que en cada horizonte de mi visión no hay otra perspectiva. Mi tormento espiritual se parece al de una gota de agua que cae sobre la cabeza del condenado - hasta traspasarlo - a fuerza de latidos continuos.

¡El suicidio es algo terrible! ¡Horrible mentira, la promesa del cielo a los pobres pecadores, indignos incluso de la mirada de Jesús!"

Es instructivo observar que el suicidio para lograr la convivencia de los dioses parece ser una herencia asimilada de los antiguos credos, tal como se practicó durante mucho tiempo en la India, gran fuente de sabiduría donde, además de la filosofía, los juristas de las épocas cesáreas bebieron los elementos de su supuesto Derecho Romano.

Esta práctica horrible y engañosa, que el dominio inglés frenó en los territorios entonces tomados, se practicaba ampliamente en Allahabad, en la margen derecha del Ganges, en la confluencia del Juna con ese río.

He aquí, en términos breves, la noticia contenida en el libro "*Por la India*", escrito por Adriano de Sá, ingeniero militar ilustrado del ejército portugués:

"En la arena que se encuentra entre la ciudad y los ríos, se celebra anualmente una fiesta - Mela - , a la que asisten más de un millón de personas, que vienen a bañarse en este lugar especialmente sagrado y que acampan a lo largo de los ríos, llenando sus bordes de animación, ajetreo, pintoresquismo y suciedad.

En este lugar, diez veces sagrado, suelen aparcar, rodeados de innumerables discípulos - cheia - o simples creyentes - astan - , muchos cientos de faquires, llenos de devoción y cubiertos de tonos grises, ocres y de piojos, con el pelo largo y cubierto de barro, espantoso, repelente.

Allí permanecen extasiados, inmóviles durante mucho tiempo, algunos de rodillas, otros con los brazos en alto, otros tumbados en "camas" cuyos "colchones" son puntas de clavos afilados, todos sufriendo, sin una sola queja, los más dolorosos tormentos. Todo un tendedero de martirio, de éxtasis de devoción enfermiza...

El Gobierno inglés impidió la continuación de una antigua práctica religiosa que solía tener lugar aquí. Muchos devotos se suicidaron, ahogándose en la confluencia de los dos ríos, con la ingenua creencia que iban directamente al cielo. La forma de este suicidio fue muy original, y no les faltó la religión con su consuelo, en ese momento extremo.

El "paciente" se dirigió, con uno o más sacerdotes brahmánicos, en una barca, hasta el centro del río. Una vez allí, los sacerdotes "metieron" al hombre en el agua, atando una gran vasija de barro a una de sus manos y entregándole una cuchara, o una "chareta" - trozo ablandado - de coco, en la otra.[1]

Mientras la olla permaneció vacía, el infortunado flotó; pero, excitado por el fervor religioso, fue llenando poco a poco el recipiente con agua, que, poco a poco, se fue sumergiendo hasta hundirse por completo, recipiente y devoto, desapareciendo en las aguas sagradas del río sagrado, camino al cielo hindú... "

Refiriéndose siempre al mismo tema, el erudito autor, refiriéndose a la visita realizada a la montaña sagrada de Chamendi, en Mysore - donde viven cinco millones de habitantes - , narra:

[1] Calabaza.

"Pude examinar de cerca un enorme carro, un bisarma - cosa informe - de madera muy pesado, opulentamente decorado y sobrecargado con esculturas de los numerosos dioses de la mitología brahmánica, que suelen aparecer en las procesiones.

Estos carros, que sirven para transportar la imagen del dios que se celebra, cuentan con dieciséis ruedas, de más de dos metros de diámetro.

Son arrastrados por los fieles, que compiten, luchando violentamente, por este gran honor, y no pocos han sido los que, en estas luchas, han sido aplastados bajo los monstruosos carros descomunales. Les queda el consuelo que van directamente al paraíso brahmánico...

Hay incluso devotos fanáticos que, en grandes procesiones, se arrojan voluntariamente bajo las ruedas de los automóviles para ser aplastados por ellos y así alcanzar el cielo hindú. Cuando esto sucede, toda la enorme multitud de creyentes estalla en alabanzas a sus dioses, llenando el aire con gritos y aullidos que no son en absoluto humanos.

Donde se produce el mayor número de estos sacrificios voluntarios - suicidios - es en Puri, en la región de Orissa, durante la procesión que sale del gran templo de Jagarnat, nombre con el que allí se venera al dios Vishnu, cuyo enorme carro, con ¡diez ruedas, tiene catorce metros de altura y es arrastrada, dicen, por cuatro mil doscientos devotos!"

Sin embargo, a pesar de la ilusoria creencia fanática de estos desgraciados, cuando pueden informar de su estado posterior al suicidio, sus palabras siempre acusan desolación, miseria, arrepentimiento, ya convencidos de la necesidad de reparar el crimen cometido, reencarnando para completar el interrumpido. etapa terrestre.

Esto se debe a que, después del período de perturbación - consistente en penurias indescriptibles - el espíritu se da cuenta de la imposibilidad de alterar impunemente el ritmo de la Naturaleza, en todos los sectores de la vida cósmica. Todo lo que está trazado en los propósitos de cada cosa o de cada ser debe llegar hasta el final, sin que el ser humano pueda hacerlo - con impunidad - modificar el rumbo, la duración, la estructura sustancial, el destino, en definitiva.

Y siempre que la llamada libertad de los gusanos humanos se aventura a perturbar las armonías naturales de las cosas o de los seres, se produce una reacción inmediata, consecuencias dolorosas, que cuestan lágrimas y sufrimientos bastante terribles de soportar, y que además conllevan reparaciones que solo a su debido tiempo puede iniciarse, como para dar fe de la insignificancia de la criatura y de la superioridad de las leyes - no escritas en la Tierra - que gobiernan los mundos y los destinos del espíritu inmortal.

Esta es la elocuente lección que nos llega en las enseñanzas de Más Allá de la Tumba, aunque la humanidad sigue entronizando dioses y teorías de su creación, un señuelo para almas desprevenidas, con la intención de unificar el poder de las castas sacerdotales.

Y están los testimonios, unánimes en su condena del suicidio, aunque varían en la intensidad y en la forma específica del sufrimiento, según la mentalidad y la sensibilidad de la víctima, y también según el mobiliario que influía en el estado de ánimo de la criatura, arrastrándola a suicidio.

De otra fuente femenina, pero con una mentalidad diametralmente diferente, surge una enseñanza edificante que resume un atropello vergonzoso y un sufrimiento muy humillante para la sensibilidad de la mujer:

"Joven caprichosa, contrariada en mis impulsos emocionales, abrigué la idea de escapar, minando todos los favores que la Divina Providencia me había concedido en el camino de la primavera.

Acaricié la idea del suicidio con voluptuosidad y, a través de ella, fortalecí las deplorables conexiones con los enemigos de mi pasado, que hablaban más fuerte en el presente.

Me olvidé de mis padres generosos, a quienes debía ternura; de mi familia, con quien me había comprometido con benditas deudas de servicio; me olvidé de mis amigos, cuya simpatía podía tomar como un valioso escudo en mi justa defensa, y me desvié del campo de las obligaciones sagradas, ignorando deliberadamente que representaban los instrumentos de mi restauración espiritual.

Reflexioné sobre el suicidio con la expectativa que alguien se dirigiera hacia una puerta liberadora, intentando, inútilmente, escapar de mí mismo.

Y, en ese paso en falso, todas las cadenas de mi pasado se reconstituyeron, reconectándome con la oscuridad interior, hasta que en una noche de suprema desgracia empuñé la fatídica copa que acabaría con mi existencia en la carne. Una inmensa repugnancia ante la deserción iluminó de repente mi alma; sin embargo, en la penumbra de la habitación, rostros siniestros se materializaron débilmente y brazos peludos me rodearon.

Voces cavernosas, inolvidables, me llenaron de un extraño terror, exclamando:

- "Tienes que beber."

La bendición de la ayuda celestial estaba como amortiguada por todas las corrientes de oscuridad que yo misma había alimentado.

En vano mi mano temblorosa anhelaba deshacerse del líquido fatal. Se me acabaron las fuerzas.

Me sentí desequilibrada y, aunque era consciente de mi gesto, bebí, casi sin querer, la pócima con la que mi cuerpo se entregaba a la tumba.

Por eso sufrí, después de la tumba, todas las humillaciones que pueden degradar a una mujer indefensa."

(*Voces Del Más Allá*, capítulo 39, edición de la Federación Espírita Brasileña.)

Aquí hay algunas narrativas más auténticas, recopiladas de fuentes acreditadas, y que detallan el sufrimiento y las impresiones de algunas personas desesperadas, atrapadas en las traicioneras redes de la muerte voluntaria:

"Un día, en una selecta reunión de psíquicos, apareció un espíritu que, comunicándose a través del médium, reveló el dolor más extraordinario. Gritó angustiosamente, como si estuviera siendo martirizado. Con dificultad se calmó un poco; y con dificultad, entre gemidos y gritos, contó la causa de su sufrimiento.

Dijo el nombre. Mujer. Ella había sido verdulera en una de las calles de Alcântara, Lisboa. Casada. Había tenido hijos. El marido era malo, holgazán, jugador y borracho. Él no trabajaba y la obligó a mantenerlo y cubrir las necesidades de la familia con los magros ingresos de su industria no rentable. Para tenerla bajo su yugo explotador, la maltrató. La insultó, la atacó. Cuando eso no fue suficiente, atacó a sus hijos para hacerla sufrir.

Así llevó una vida de angustia durante años. Cansada, se le acabó la paciencia. Empezó a pensar en escapar del martirio suicidándose. Creyó que un momento de resolución, un dolor rápido, pondría fin a ese largo lastre de dolor, a esa prueba infernal de todas las horas. Sin embargo, pensó en los niños... ¿Qué sería de ellos? Sus hijos fueron el vínculo que la mantuvo atada al pollino del sufrimiento.

Se presentó la ocasión cuando se rompió el vínculo. Ya no podía hacerlo. El hambre y las deudas estaban minando el hogar. Las facilidades para que su verdugo pudiera llevar una vida sin trabajar disminuyeron, y los malos tratos aumentaron en proporción opuesta a esta disminución. Sus hijos estaban enfermos y ella estaba destrozada, sin fuerzas para trabajar. Para cuidar de sus hijos, no podía gestionar su vida; los niños pequeños se quedarían indefensos en casa. No pudo hacerlo más. Definitivamente, era mejor morir.

Tras uno de los habituales altercados, acompañado de una paliza mártir, la pobre mujer, loca de desesperación, corrió hacia la línea de tren de Cascais, que pasaba a toda velocidad por el muelle de Alcântara, y se precipitó bajo ella.

Todo iba a terminar, pensó. En ese momento supremo, se acordó de sus hijos, pero ya no pudo retroceder: su cuerpo, cediendo al impulso, había caído sobre la barandilla. En el mismo instante sintió las ruedas pasar sobre su cuerpo; escuchó los huesos crujir con el crujido; su carne, desgarrada, temblada, palpitante; fragmentos de los miembros rodaron con la fuerza del choque que los había cercenado y, horriblemente, sintió que no estaba muriendo. Se vio rota, aplastada, informe; escuchó el crujir de huesos; parecía como si un dolor la torturara, compuesto de muchos dolores desiguales, cada uno localizado en uno de los miembros extendidos en el suelo, chorreando sangre y palpitando en contracciones...

Vio gente que acudía al rescate gritando. Notó que examinaban sus restos, con tristeza. Vio llegar a las autoridades y luego un hombre recogió todos los pedazos de su cuerpo desmembrado y los colocó en una caja de madera.

Quería alejarse del lugar, pero no podía. Gritó, pero nadie le prestó atención. Agarró a un policía y le pidió que la llevara a su casa, pero el policía no la ayudó. Parecía como si ni siquiera la sintiera ni la oyera. No lo hizo en lo más mínimo. Lo dejó y se aferró a otras personas. Lo mismo sucedió. Nadie le respondió; nadie se preocupaba por ella.

Mientras tanto, siempre escuchaba el tren rodar, lo sentía pasar, aplastando, cortando y arrastrando su cuerpo y escuchaba el sonido de los huesos al aplastarse. ¡Fue horrible!

Las autoridades se alejaron. Dos hombres se llevaron su cuerpo despedazado.

No entendía cómo se veía muerta y hecha pedazos, al mismo tiempo que parecía estar viva y con dolor, mucho dolor por todo el cuerpo. Se imaginó que dormía y era víctima de una pesadilla. Pero, rápidamente, vio toda su vida, hasta el momento en que se arrojó debajo del tren, buscando el resto de la muerte. Se acordó de sus hijos. ¡Y algo asombroso! Le parecía que solo podía verlos, y el tren, su cuerpo destrozado, el cajón con su cadáver hecho pedazos, chorreando sangre, que tendía dos hilos rojos a lo largo de la calle... No pudo ver nada más.

Al principio todavía escuchaba los comentarios de las personas que habían presenciado la escena del suicidio y las conjeturas que hacían sobre quién era ella. En medio de sus gritos, les contó quién era y dónde vivía; pero nadie la escuchaba, todos la despreciaban. Ni siquiera la miraron...

Poco a poco dejó de ver y oír a estas personas. Lo único que le quedó fue el rodar del tren y el chasquido de los huesos.

Tiempo después, empezó a notar a su alrededor personas que no conocía, horrendamente feas, que se reían de ella, la empujaban y le decían bromas y con sarcasmo por haber querido escapar del dolor de la vida suicidándose.

Le parecían demonios y estaba aterrorizada, temiendo que vinieran y se la llevaran al infierno. Les suplicó que la dejaran... Ellos redoblaron sus risas y sus empujones. La risa era enloquecedora... ¡Y no pudo evitar sentir el crujido de su cuerpo, oír el tren rodar, la fractura de sus huesos, el aplastamiento de su carne...!

Ya no se detuvo. Esos demonios, que se habían apoderado de ella, nunca más la abandonaron. Vinieron unos y vinieron otros... Reían a carcajadas, gemían, gritaban. Le dijeron que eran sus eternos compañeros y, como ella, perdidos, porque ellos también se habían suicidado con sus propias manos... Sufrieron igual que ella, pero cada uno a su manera. Hubo momentos en que todos parecían locos furiosos. Cada uno gritó a su manera. Los escuchó, los sintió, pero no los vio. Solo una vez había creído haberlos visto. Todos estaban vestidos de negro y con caras de sufrimiento. Le pareció que algunos de ellos estaban aplastados, como había visto su cuerpo; otros con la cara hinchada; ¡otros con chorros de sangre corriendo por sus oídos...!

Era algo del infierno y no quería verlo más... Pero cerrara los ojos o no, los veía de la misma manera. Para ella todo era una noche oscura; sino una noche oscura a través de la cual vio a sus hijos, tal como los había dejado, enfermos y hambrientos; el tren corriendo sobre ella, su cuerpo rompiéndose al cortar las ruedas... Y el tren siempre corriendo sobre su carne... Nunca terminó; el ruido ya no cesaba, ni dejó de sentir dolor, ni dejé de escuchar el crujir de sus huesos y carne siendo aplastados.

A veces se sentía arrastrada por sus compañeros, como si la arrastrara un huracán, y veía a sus hijos sufrir, a su marido sumergido en una vida de abyección...Y allí siguió después, en el remolino, creyéndose perdida para siempre."

La pobre mujer había contado estas cosas a pedazos, ahogándose en gemidos y revelándolas con exclamaciones de dolor.

Parecía sospechosa y temerosa. Cuando el líder de la reunión intentó consolarla, guiándola hacia la resignación y el arrepentimiento, ella lloró más angustiosamente y exclamó que no sabía renunciar ni arrepentirse.

Les pidió que la dejaran quedarse donde estaba; es decir, en el cuerpo de la médium. Dijo que, al menos, no sufrió tanto dolor allí, no soportó a los demonios, ni sintió que su cuerpo estaba hecho pedazos.

Cuando ya no había manera de prolongar más la situación, que estaba siendo pesada y sumamente dolorosa para todos, la pobre mujer se fue, no sin haberse ido, en una exclamación final, revelando tanto dolor, tanta tristeza, la impresión más dolorosa. que la comunicación con los espíritus puede dar, en tales circunstancias.

La exclamación fue:

– ¡Y esto es la muerte, Dios mío!

¡Sí! ¡Esta era la muerte, en la que ella había buscado descanso! ¡Ese infierno inconcebible!

En otra ocasión, y desde el principio, la médium, al caer en trance, reveló un enorme sufrimiento. Su rostro de repente se congestionó. Se volvió violeta; hinchado; los ojos se abrieron enormemente como si estuvieran a punto de estallar; la lengua sobresalía de la boca unos cinco centímetros. Al mismo tiempo, su respiración era un silbido estertoroso.

Los asistentes estaban aterrorizados. Se recomendó calma, confianza y mucha misericordia para aquel infortunado que se manifestó de esta manera, y tras ligeros pases magnéticos, la médium habló. Con mucho esfuerzo, comenzó, con palabras a cada paso interrumpidas por estruendosos rugidos.

> "Había sido un pequeño comerciante, valiente y honesto, pero infeliz en los negocios. Había probado varias formas de vida. La última había sido una pequeña tienda de comestibles en una de las sinuosas callejuelas del barrio de Alfama.
>
> Familia numerosa, hijos enfermos, malos negocios, falta de feligreses, todo contribuyó a que llevara una vida casi miserable.
>
> Viviendo pobremente, un día llegó el desastre. Los acreedores se apoderaron de su casa. Fue él quien, incapaz de cumplir sus compromisos, la entregó.
>
> – Tenía que ser eso – dijo, refiriéndose a la idea de acabar con su vida, como una forma de escapar de los tormentos que lo torturaban.
>
> Pensó en su familia, su esposa, sus hijos; pero, como conclusión a estos pensamientos, determinó:
>
> – Nadie muere de hambre. Soy yo el que ya no puede más... Aquí se las arreglarán... Solos, todos sentirán pena por ellos... Soy yo el que ya no puede más...
>
> En este punto, el director de la reunión le recordó:

- ¿Y por qué no probaste otra forma de vida?

- ¿Cuál?

- Cualquiera. Todos son buenos cuando se ganan el pan honorablemente...

- Ya había probado tantas...

- Esforzarse más. ¿No dijiste que nadie se muere de hambre? Cuando ya no había forma de trabajar, pedía limosna. ¿No pensaste que era debilidad huir y egoísta dejar a tus hijos abandonados, en la pobreza, para poder descansar por ese precio?

- Sí. Pero ya no pude más.

Continuó contando que, al entregar la casa a sus acreedores, echó un último vistazo al establecimiento donde tanto sufriría y, sin despedirse de su familia, caminó sin rumbo por las calles de la ciudad, considerando maneras de suicidarse. En todos casos terminó temiendo no morir a causa de ellos. Finalmente decidió ahorcarse. Había arreglado un fuerte cordón morado y se dirigió al barrio de Estefânia. Estaba confundido. Solo recordó que iba a ser libre de la vida que tanto lo atormentaba.

Un poco más y estaría descansando para siempre. La muerte era un sueño amistoso, era un sueño eterno.

Eligió un olivo, que tenía una rama que sobresalía. Parecía invitarlo. Con esfuerzo subió. Ató el cordón, después de hacer el lazo corredizo. Probado para ver si era muy sólido. Metió la cabeza en el lazo, miró la ciudad que se extendía hacia el horizonte y sonrió pensando:

- Me voy a deshacer de ti, y al infierno de la vida...

Se dejó caer. Sintió que la sangre se le subía a la cabeza; zumbidos en los oídos furiosamente; parecía tener en su interior el eco del trueno; se le salió la lengua de la boca, se quedó sin aire, se sacudió, se debatió, se arrastró, buscando apoyo con los pies y las manos, y perdió el conocimiento.

Cuando volvió en sí, se encontró en el suelo, pero sintiendo todo lo que había tenido justo antes. Parecía más ligero.

Miró a su alrededor y vio el cuerpo colgado del árbol. Le parecía su propio cuerpo, que todavía se balanceaba ligeramente... Entonces recordó que había querido suicidarse... Se horrorizó al pensar que no había muerto y que tendría que empezar de nuevo.

Se dio cuenta que sentía las aflicciones de la muerte. Empezó a correr; y desde entonces hasta que nos habló no tuvo descanso, ni dejó de sufrir la sensación de estar ahorcado. Ahora sabía que había muerto para el mundo: sufrió el martirio, pensando en sus hijos, a quienes ya no había visto, y se maldijo porque, suponiendo que buscaba la paz eterna, se había perdido para siempre, adquiriendo sufrimiento, de lo cual, a la vez, era más horrible que todos los demás de los que había querido escapar."

En el pasado se sabía que sufrió mucho menos y, a través de un arrepentimiento sincero, estaba en el camino de la regeneración.

Sin embargo, esa regeneración no hace desaparecer el sufrimiento. Lo que puede desaparecer más rápidamente es el sentimiento de dolor físico inherente al acto suicida.

Quedan todavía las consecuencias morales, que pican al infortunado con la intensidad correspondiente a su atraso espiritual y a las razones por las que se suicidó.

En otra ocasión, en una reunión de sinceros y reputados investigadores espirituales, en la que se encontraba una excelente médium, se manifestó el espíritu identificado de cierta mujer, revelando un sufrimiento extraordinario.

Luego que se hicieron esfuerzos por saber quién era y por qué sufría, fue posible reconstruir su trágico caso:

"Era de un pueblo de las afueras de Oporto. Casada, tenía dos hijos, uno en brazos y el otro de tres años. Vivían en la pobreza. El marido era deshonroso, vicioso, explotador y verdugo de su mujer.

La vida era una verdadera tortura para ella. Cansancio, hambre, golpe; sin un momento de alegría, sin un claro de paz en la desesperación de tu vida.

Un día decidió poner fin a la dolorosa situación. Sin embargo, no quería dejar a sus hijos con un padre así, ya que sería lo mismo que dejarlos abandonados, o algo peor. Cuando fueran abandonados, las autoridades se harían cargo de ellos; si se quedaran con su padre, serían futuros vergonzosos o futuros criminales.

Ella decidió que deberían morir con ella. De esta manera todo terminaría y no iría al otro mundo con el arrepentimiento de dejarlos indefensos. Y entonces, dos angelitos la acompañarían y pedirían a Dios por ella, pensó.

En la ocasión escogida, tomó al pequeño, que dormía en la cuna, tomó al otro de la mano y se dirigió con ellos, llorando, hacia la vía del tren, esperando lo que debía pasar a Oporto.

Esperó, y, cuando el tren pasaba en su vértigo, arrojó, de un tirón, a la vía al pequeño que llevaba, y, sin querer ver más, ni mirar dónde estaba, también se arrojó con el que llevaba en su regazo. .

Oyó llegar el tren y un repentino crujido y aplastamiento de cuerpos. Perdió el conocimiento.

Cuando volvió en sí, todo parecía una pesadilla. Rápidamente recordó lo sucedido e imaginó que estaba soñando, porque todavía podía escuchar el sonido del tren pasando y el sonido de los cuerpos desmoronándose bajo las ruedas.

Le pareció que estaba observando la escena. No escuchó ni vio nada. Su cuerpo sintió una especie de hormigueo, entumecimiento, que poco a poco fue desapareciendo transformándose en una sensación de dolor. Creyendo que estaba soñando, hizo esfuerzos por despertar; esfuerzos que solo sirvieron para deshacer el letargo, el entumecimiento en el que yacía, y para aumentar el dolor que sentía en todo el cuerpo.

De repente, encontró a su hijo menor, destrozado, en medio de la fila, y de los cortes manaba sangre. Dio un grito horrible: lo recordaba todo. Luego buscó a su otro hijo. No lo vio a él, sino a su propio cuerpo hecho pedazos, que quedaron esparcidos a lo largo de la línea. Le pareció que se estaba volviendo loca. Quiso levantar los dos pedazos de su hijo menor, pero no pudo.

Sus manos los tocaron, pero no tenían fuerzas para moverlos.

De repente, pensó que el cuerpo que estaba destrozado en el suelo no era el suyo.

No pudo ser, porque ella estaba allí viva y sufriendo. ¿De quién sería? Se arrastró y vio la cabeza, a poca distancia, mezclada con harapos de ropa.

Al mismo tiempo, estaba aterrorizada: notó que escuchaba el tren llegar a toda velocidad. Escuchó el ruido de las ruedas y el silbido de la máquina. Miró y, observando a lo largo de toda la fila, no vio nada.

Siempre buscando que si llegaba el tren no la alcanzara, se dirigió al lugar donde estaba la cabeza. Quería atraparla, pero no pudo. Intentó ver su rostro, y vio el suyo, en contracciones, haciendo muecas horribles. Estaba llena de sangre y con trozos de piel arrancados.

Ella gritó, pidió ayuda, pero nadie la escuchó.

Sin embargo, había una cosa que la horrorizaba aun más: no saber nada de su hijo mayor y ver al pequeño cortado por la mitad, parcialmente aplastado, con los intestinos colgando, palpitando.

Si cerraba los ojos, lo veía de la misma manera; si miraba hacia un lado, le parecía que los pedazos del cuerpecito iban en la misma dirección. Se frotó los ojos porque pensó que tenía impresa en ellos la imagen de su hijo. Este sufrimiento, y no ver ni saber de su otro hijo, le hizo olvidar el dolor que sentía.

Ella persistió en querer morir. Se tumbó en la vía esperando que pasara otro tren y la matara.

No sabe cuánto tiempo estuvo así. No recuerda si la hicieron salir de allí, si pasaron más trenes, ni si fueron retirados o no las partes del cuerpo que se encontraban esparcidas por el lugar.

Lo único que recordaba era que, siempre escuchando el tren, de vez en cuando le parecía oír a sus hijos llorar, a su marido gritar e insultarla.

Le parecía, en esos momentos, que continuaba en la vida de miseria y martirio de la que había querido escapar.

Luego lloró, gritó, pidió a Dios la muerte. No tenía sentido del tiempo. No hubo días para ella. Siempre era de noche. En la oscuridad, no podía ver nada más que a su hijo, despedazado en las vías del tren.

Después de no saber cuánto tiempo decidió ir a buscar a su otro hijo.

No sabía dónde ni hacia dónde iba. Quería escapar de allí. Si pensaba en su casa, parecía que estaba allí. Escuchó a su marido, escuchó a su hijo mayor; pero viendo todo lo que había en la casa, no los vio.

Le parecía, sin saber por qué, que ambos, padre e hijo, estaban sufriendo mucho.

Supuso que tenía la impresión que estaban enfermos y hambrientos. Y luego, olvidando su propio sufrimiento, pensó en ir a trabajar para ellos, como en el pasado.

Sintió un gran dolor al recordar que morirían de hambre por su culpa.

Pero, de repente, empezó a llorar, sintiendo que estaba ciega y, por tanto, ya no podía trabajar.

Ella salió de la casa, angustiada. Iría a la calle a mendigar, pensó.

En la calle, de vez en cuando, oía voces; oía pasar gente; extendió la mano pidiendo limosna, la cual nadie le dio. Le parecía que no querían verla ni ayudarla.

Escuchó a los vecinos. Gritó llamándolos y ninguno le respondió. Luego, se acusó, se atormentó la conciencia.

Reconoció que tenían razón al despreciarla, porque había matado a sus hijos, a uno de los cuales seguía viendo en su eterna ceguera.

Y ella se asustó y lloró.

Los dolores en su cuerpo no eran nada comparados con los dolores que sentía en su conciencia.

Haber matado a los hijos de su alma, a quienes adoraba, y no haberse suicidado, era algo que nunca le sucedería. "Cuando muriera" iría al infierno, sin remisión. Y mejor pronto: en el infierno tal vez sufriría menos de lo que sufría.

Se acordó de orar; pero se olvidaron de sus oraciones. Quería pedirle perdón a Dios; pero si intentara hacerlo, su cabeza se perdería en un enorme lío. Le parecía, por momentos, que al ruido constante del tren rodando y al crujir de huesos se unía el sonido de risas burlonas, llegadas desde muy lejos, mezcladas con dichos referidos a ella.

La acusaron de la muerte de sus hijos y la amenazaron.

Tenía miedo que la arrestaran. Pensó en esconderse, ya que no podía suicidarse; pero la ceguera le impidió ver el lugar. Se dejó vagar, sin destino.

Luego empezó a notar que su cuerpo se volvía, de vez en cuando, más ligero y el dolor más tolerable. Y se calmó un poco.

En estas ocasiones tenía la impresión que, en lugar de risas y acusaciones, llegaba hasta ella el débil eco de palabras de piedad y de bondad, los murmullos de oraciones dirigidas a Dios por ella.

Escuchó gritos y sollozos, mezclados con su nombre, que a veces le parecía cercano, a veces lejano, apenas distinguible. Se imaginó soñando.

En esos momentos, el ruido del tren se fue apagando y apagando, hasta casi desaparecer; y, en su alucinación, le parecía que el cuerpo desgarrado de su pequeño hijo se movía, cobraba vida y la miraba sonriendo.

Y, muy lejos, muy lejos, alguien rezaba por ella. Sintió que la rodeaba un bienestar que la hacía más feliz, que elevaba su cuerpo.

Y, en ese estado, notó que podía pensar en Dios, pedir perdón y orar.

Por eso la animó la esperanza de no perderse para siempre.

Pero estos momentos de paz y sueños pasaron rápidamente. Pronto llegó el estado habitual. Ya no oía gritos amistosos ni oraciones piadosas.

Y allí se fue, sin destino, sin ver dónde, sin ver más que el cuerpo mutilado de su hijo. Cayó en la desesperación nuevamente.

Dejó de querer volver a casa, porque cuando fue allí sufrió mucho más, por el remordimiento de no haber seguido cuidando de sus hijos y del marido que Dios le había dado. Era su obligación. Había sido una mala madre y también una mala mujer. Había matado a sus hijos y abandonado a su marido. Si fuera malo, debería perdonarlo. Era su marido. Era su deber. ¿No ganó dinero para sus hijos? Que gane, que uno tenía tanta obligación como el otro, porque ambos eran hijos suyos.

Y si al pensar en esto no quería ir, fue cuando se sintió obligada a ir, como si la arrastraran...

No sabía cuánto tiempo estuvo así. Lo único que recordaba era que los momentos de ensueño eran cada vez más frecuentes. Cada vez sentía menos remordimiento por lo que había hecho. Recordó, sin mucha angustia, que fue su amor por sus hijos y la desesperación de verlos hambrientos y fríos lo que la había llevado a hacer lo que había hecho.

Un día, en uno de esos momentos de paz, le pareció escuchar que alguien le decía, una voz de niño, que pronto terminaría su mayor sufrimiento. Temía estar loca, porque tenía la ilusión que era su propio hijo muerto quien le hablaba.

Pasó más tiempo. Su dolor ya no dolía tanto. Lo único que le dolió fue la muerte de sus dos hijos y el destino de su marido. El ruido del tren apenas se oía. No sabía si desaparecería o si se acostumbraría.

Fueron largos períodos de tiempo que no vio desmembrado a su hijo. Hubo muchos momentos felices en los que le pareció oírlo orar por ella. ¿Sería verdad? ¿Alguien recordaría ese desafortunado suceso? Sea cierto o no, lo cierto es que sintió un gran bienestar en esos momentos. Su cabeza se aclaraba y podía orar y pedir perdón a Dios, sin gran dificultad.

Llegó un día - el día en que se encontraba- en que sintió una pequeña mano tomar la suya y guiarla, al mismo tiempo que la voz, que ya había oído y que suponía era la de su propio hijo, le decía: " Ven." Su cuerpo se acurrucó, mezclándose con el cuerpo donde hablaba, como si ambos estuvieran hechos de humo que se hubieran unido. Y ahí estaba. Había dicho todo. Ahora quería saber qué nos había llevado a preguntarle tanto y por qué había acudido a nosotros."

El director del encuentro respondió a la primera pregunta: nuestro interés y nuestra piedad; al segundo: no lo sabíamos.

Se hizo entonces la obra caritativa para demostrarle a aquella infortunada mujer su error. Lo escuchó con arrepentimiento, pesar. Se arrepintió de todos los signos de la más íntima sinceridad; gritó desgarradoramente.

Había terminado así de limpiar su espíritu de las oscuras manchas que su debilidad y malas acciones le habían dejado, y que le habían traído tan horrible martirio, castigo natural y justo por su intento de escapar al pago de deudas previamente contraídas ante la Ley que regula la evolución espiritual de los seres de la Tierra.

Asimismo, se utilizó todo para ayudar a la pobre mujer a recuperar todos sus sentidos, que hasta entonces habían estado oscurecidos y borrados por el reprobable acto. Esta misericordia, lograda por su propio esfuerzo, por la resignación con la que sufrió, por la justicia que reconoció en su dolor, por el intenso arrepentimiento que la dominaba, fue concedido; y la infortunada mujer, en un arrebato de indescriptible gozo y de indescriptible felicidad, pudo ver el espíritu de su hijo, a quien había conducido a la muerte, y que la perdonaba; y ver también a su hijo mayor, que ya no le había visto los ojos, y seguía vivo en su pueblo. Había escapado de la muerte.

Al preparar el ambiente espiritual, donde pudieran surgir el arrepentimiento y la resignación de la madre loca, la piedad y la oración de quienes la recordaban, en la Tierra y en el espacio, actuaron eficazmente.

La oración y la piedad, conducidas hacia ella por la fe y el pensamiento, la rodearon de una dulce atmósfera espiritual, que la consolaba y, al mismo tiempo, permitía que surgieran en ella e irradiaran sentimientos de bondad, de contrición y de súplica, que nosotros tener en nuestra alma.

La bondad de los demás la envolvía como una caricia y la hacía buena; y así pudo subir más fácilmente la pendiente del sufrimiento y alcanzar la luz de la redención. Fue ese estado de bienestar el que encontró en su martirio.

Hoy nos dedicamos afectuosamente a nuestros hijos y a nuestro marido, y, quizás más que a ellos, buscamos inspirar pensamientos y sugerencias de valentía, fe y resignación en las personas desafortunadas que vemos en este mundo desesperadas y pensando en caer en la ruina. abismo, aterrorizada por el suicidio, en el que también cayó.

Fuera y por encima de los prosaicos dramas que tejen a diario las dificultades pecuniarias de las clases pobres, hay otras tragedias que se desarrollan en el cerebro de hombres educados y ricos, que carecen del coraje para soportar los desengaños del amor o de sus sueños y ambiciones, en política o en las altas finanzas, el mercado de valores o el mercado de divisas.

Ante situaciones difíciles de resolver o de soportar, muchos suicidas célebres dejaron a la posteridad una fructífera lección sobre la fragilidad moral de la criatura humana, fácil de dejarse llevar por el entusiasmo, pero falible a la hora de dar testimonio de su audacia, de su virilidad, moralidad, de su espíritu de sacrificio en holocausto de una idea, de una gran causa.

Les falta el coraje sublimado que heroica la personalidad, ya sea la gloria pública, que el pueblo celebra, o la benevolencia hacia la tradición oral en las familias perpetúa la memoria de sus antepasados.

Desde la antigüedad, las crónicas de los pueblos han registrado ejemplos elocuentes.

Demóstenes, el gran y célebre orador griego, cuya gloria se ganó con tanto trabajo, terminó suicidándose.

Héroe de muchas campañas tribunicias, luchador intrépido contra las tiranías que se ejercían sobre su patria, habiendo sufrido las injusticias de sus compatriotas, el encarcelamiento, experimentado las penurias del exilio, nada hacía presagiar que se desanimaría en el momento de dar su vida en sacrificio y protesta contra el dominio extranjero en Grecia.

Cuando Alejandro Magno murió, Demóstenes, que había estado en el exilio, vino triunfalmente a recorrer el país, predicando la guerra contra la opresión macedónica que pesaba sobre Grecia.

Inflamados por la elocuencia del tribuno, los atenienses lo colmaron de tributos y se organizaron para luchar contra las tropas de Antípatro, que ya estaban en marcha para castigar la rebelión.

Demóstenes, derrotado en la inolvidable batalla de Cranon, volvió al exilio, a la isla de Calauria, donde reunió un destacamento de soldados.

Allí, sin la valentía del martirio por la libertad de la patria, sin ese espíritu de los primeros cristianos - que sostenía el testimonio de la verdad evangélica -, Demóstenes se suicidó con un cúter envenenado.

No menos elocuente e instructivo es el ejemplo de Ptolomeo, rey de Chipre, que vivió en el último siglo antes de la era cristiana.

Hermano del monarca de Egipto vivió en perfecta paz con el entonces muy poderoso pueblo romano, del que resultó ser un aliado muy fiel. Inmensamente rico, tan rico como avaro, sus tesoros fueron causa de ruina.

El tribuno romano Clodio, famoso por su turbulencia, maldad y falta de escrúpulos - perseguidor de Cicerón y Catón -, habiendo caído en poder de los piratas, que exigían un rescate, pidió a Ptolomeo que pagara por él la suma exigida; pero el rey, en su inconmensurable codicia, solo le envió dos talentos de plata - unos cinco mil cruceiros -, suma muy inferior al precio estipulado por los ladrones.

Clodio, por venganza, propuso la deposición de Ptolomeo, convirtiendo su reino en una provincia romana. Cicerón luchó enérgicamente contra el proyecto, pero la ley a tal efecto fue aprobada y Catón, que se encontraba en Oriente, recibió la tarea de ejecutarla.

Catón, consciente de la injusticia que se practicaba y deseoso de evitar la violencia, propuso a Ptolomeo la renuncia al trono, asegurándole, en compensación, el puesto de gran sacerdote de Venus, en la ciudad de Pafos, dignidad que le correspondía inmediatamente a la del rey, tal es la importancia del templo y del culto a la diosa, y de los ingresos.

Ptolomeo se negó; pero, incapaz de aceptar la pérdida de poder, ni de estar en condiciones de declarar la guerra a los romanos, decidió suicidarse, destruyendo, al mismo tiempo, los tesoros que habían encendido la codicia y motivado la vil venganza del malvado Clodio.

Equipó un barco, y lo hizo transportar cantidades incalculables de cosas y dinero, haciéndose a la mar, con la intención de hundir el barco, enterrarse bajo el agua, con sus inmensas riquezas.

Pero, en los arcanos insondables de los sentimientos del avaro, una lucha muy diferente cambió por completo los oscuros designios del rey, confirmando la vieja máxima de La Rochefoucauld: nuestro orgullo crece a menudo a expensas de lo que cortamos en otros defectos.

En Ptolomeo no fue el orgullo, sino la avaricia lo que aumentó, con la reducción de la vanidad, el orgullo, la rebelión y la venganza.

Este hombre, que tuvo el coraje de morir y había ideado un plan de ejecución para hacerlo, se debilitó ante la idea de perder sus amados tesoros, sus amadas riquezas que, incluso en el fondo del océano, no podía llevar más allá de las fronteras de la otra vida.

Y luego regresó al palacio, devolvió todos los objetos de valor a sus escondites anteriores y, habiendo reemplazado a estos "dioses" en los "altares" de su templo de la avaricia, el pobre rey se envenenó y murió.

De hecho, la preocupación por aferrarse a cosas y criaturas de la Tierra ha llevado a muchos incautos al suicidio, convencidos que, abandonando la vida con el propósito de reunirse con alguien en el espacio, pueden, según su propio criterio, encontrar el espíritu favorito.

La desilusión es tremenda, la desesperación no es menor y el sufrimiento es aun más terrible.

El suicida es prisionero temporal del martirio espiritual.

En vano intentará enmascarar su egoísmo criminal, su rebelión disfrazada con hechos coloridos: del amor, del anhelo; la verdadera situación - el crimen contra la ley de los juicios - aparecerá ante los ojos del suicida, cerrándolo en un círculo de oscuridad y amargura, que solo será deshecho por la luz de la misericordia divina, en el preciso momento en que el Ser complete el período de vida interrumpido por el acusado de auto homicidio. Conocidas son las páginas auténticas procedentes del Más Allá, redactadas por espíritus de indiscutible valor intelectual, y que, ignorantes de las verdades y de las leyes de la vida espiritual, abandonaron la Tierra con la ilusión que la voluntad humana tiene algún valor frente a las fuerzas inconmensurables del Cosmos y del espíritu.

Este es el caso y la lección de Júlio César Machado, el brillante y excelente escritor portugués.

Tuvo un hijo, Juliño, que se convirtió en su obsesión. Allá donde iba lo llevaba de la mano, embelesado, imponiéndose, recogiendo elogios, en una exageración de sentimentalismo digna de mención.

Alberto Pimentel narra este leve y muy expresivo incidente:

> "Un día, durante la cena en casa de Batista Pode está, el pequeño Júlio se levantó de la mesa y se subió a la espalda de uno de los amigos de su padre, quien lo recibió amablemente. Después de unos momentos, el pequeño corrió a subir a la silla de otro amigo de Julio César, siendo reprendido. No pasó mucho tiempo antes que el padre, con lágrimas en los ojos, se fuera con su hijo, después de estrechar la mano, muy expresivamente, al amigo que había acariciado a Julio, e interrumpir desde ese momento sus relaciones con el otro amigo, que lo había reprendido.
>
> Este inmenso amor por su tembloroso hijo fue lo que lo alucinó y lo perdió. El hijo al que adoraba hasta el fanatismo había sucumbido a una alucinación momentánea y, a partir de ese día, toda la felicidad de Julio César comenzó a desmoronarse, como un terraplén del que, cuando se desprende un puñado de tierra, no queda nada en pie en su interior en unas cuantas horas."

El suicidio fue el camino elegido para reencontrar a su idolatrado hijo.

He aquí el comentario sobre la manifestación del espíritu del suicida engañado, cuando, después de la muerte, se dio cuenta del error que había cometido y sufrió la dolorosa consecuencia de su acto de desesperación, comentario que fue ampliamente publicitado:

> "Júlio César Machado, periodista portugués, fue uno de los espíritus más finos y graciosos de las últimas generaciones literarias portuguesas. Resplandeciente de "brío", con un estilo ligero, sutil como encaje de seda, hizo de sus folletines monumentos de gracia, tallados con el cincel que le llevó la muerte. Su obra literaria fue una fina y espiritual sonrisa.
>
> Este hombre tenía un hijo al que adoraba que era "la alegría de su alma, la alegría de su alegría, la musa de su sonrisa, la causa de su vivir", tal como dijo el triste en una comunicación mediúmnica.
>
> La muerte se llevó a este hijo.
>
> "De repente hubo un vacío en mi vida", dice mi hijo. Era necesario que lo siguiera. Creía en la vida eterna, y sabía que mi hijo había marchado hacia esa vida. Era esencial que lo siguiera. Él y recuperarlo para mis preocupaciones. No podía vivir sin él. Era imprescindible que fuera rápidamente a buscarlo. Siguiéndolo iba a conquistar su alegría, su felicidad, su vida, que no podía existir sin él. Eso es lo que pensó, eso es lo que pensó mi madre.
>
> Y así se sentirá el corazón de muchos padres, se podría decir.
>
> Ambos decidieron partir hacia la región desconocida, donde la muerte había escondido a su amado hijo. Se embarcaron en el suicidio, en la "encantadora cáscara de nuez que, a través del mar de sus lágrimas, los llevaría al reino de la felicidad para recuperar la alegría perdida."
>
> La madre no murió; pero él, el padre, "siguió."

"La muerte, al verme caer en la trampa, me envolvió en su camino negro y me arrastró", añade.

Entonces sentí que, en lugar de la felicidad que había soñado, me llevaban a un torbellino, o, peor aun, a un torbellino, donde luchaba inútilmente, desesperadamente, sin poder salir de él, atrapado, por desgracia terrible e invencible atracción por su futuro espantoso, a veces llevado a regiones espantosas, a veces deteniéndose en los lugares terrenales de los que quería escapar, y donde todo me recordaba sin piedad mi irremediable desgracia, sin poder obtener nunca la más mínima indicación sobre mi hijo.

Y ni siquiera tenía esperanzas que la liberación me llegara a través de la muerte, como le parece al pajarito atrapado en la jaula, porque para mí la muerte ya no existía.

Y, desde entonces hasta hoy, todavía no he salido de esta situación angustiosa, atrapado por una ansiedad que no conozco igual.

Lucho, corro, corro, grito, siempre grito por mi amado hijo, por la alegría de mi vida, por la luz en mis ojos, y mi hijo nunca llega.

¡Yo, que me suicidé porque no podía vivir sin él, tengo que vivir sin él porque me suicidé!

¿No lo volveré a ver? ¡Horror! ¡Horror! ¡Mil veces horror!"

Y el desgraciado continúa, en una desorientación abrasadora:

¿Habrá justicia en esta condena? ¿Quién me condenó? ¿Quién es este juez bárbaro, horrendamente bárbaro, que no vio que no ve, que no quiere ver, que si yo estaba buscando a mi hijo en la muerte, quien se lo había llevado, era porque mi vida sin él ¿No era vida?¿Era un crimen amarlo tanto? Pero si amar a mi hijo es un crimen, ¿por qué Dios nos dio amor?

¡Perdóname, Señor, qué blasfemo! Pero, oh Dios de misericordia, oh Padre de misericordia: Tú que eres padre, Tú que eres bueno, Tú que eres Justicia y Amor, ¿por qué no me perdonas? ¿No ves, Señor, que fue el amor lo que me cegó? ¿No ves que la tentación me armó a traición en el descuido de mi vida feliz?

Pero si no volveré a ver a mi hijo, ¿por qué ser modesto, Señor? Si perdiera mi felicidad para siempre, ¿qué daño mostrarías? ¿Qué daño hiciste saber?

Que viva en el tormento eterno, que sufra esta ansiedad sin fin, que es el terror de quien no tiene el valor de soportar el dolor; que mi ser gire, momento a momento, en las atroces agonías de los réprobos, de los criminales contra tus leyes, oh Dios de Misericordia; ¡pero déjame ver a mi hijo!

Déjame, desde esta región inconcebible, donde lucho sin descanso, donde la luz de mi día, la paz de mi vida, la alegría de mi amor yace sepultada para siempre, para ver a mi hijo, mi hijo, Señor, o ¡mi hijo!

Que lo vea solo una vez, en un instante fugaz, y Te bendeciré siempre; y disfrutaré en ese instante cien veces de toda la felicidad que perdí en el loco momento en que me dejé vencer por la tentación de suicidarme, en la ilusión y esperanza ilusoria de unirme a él.

Y luego, en lamentos donde destacan las lágrimas y los sollozos, dirigiéndose a Dios:

¡Qué desgraciada de mi parte! ¡Me maté para irme a vivir con él, para acercarme más rápidamente a él, me alejé de él para siempre!

¡Dios mi Dios! ¡Escucha, responde mi oración! ¡Tú que eres padre, mira mi dolor!

No sufro por lo que sufro. Sufro porque no veo a mi hijo. Aumenta Señor, mi dolor, si la ley de Tu justicia requiere ejemplo y obediencia; pero, a cambio, ¡déjame tener el consuelo de ver a mi hijo! Mira dentro de mi alma. Mira

Señor, si algún sentimiento reprensible o rebelde me llevó a la muerte. Verás, Señor, que fue solo la debilidad de no poder vivir sin la vida que mi hijo me dio."

¡Qué ejemplo tan conmovedor surge de esta comunicación!

Fue solo para ver a su hijo, para seguir viviendo con él, que el desolado padre se suicidó. Pero, como no supo esperar, porque no supo resistir la prueba a la que fue sometido su corazón, no pudo verlo más.

Y lo más doloroso, lo más trágicamente angustioso, es no haberlo visto, ni no verlo durante el tiempo necesario para que el arrepentimiento redima su culpa contra la ley que regula la existencia humana. ¡Es el aterrador sentimiento de desesperanza, que te amarga, con la idea que nunca volverás a verlo!

Lo recuperaremos, lo haremos, pero ¿cuándo? Cuando el dolor haya borrado de su periespíritu la mancha negra de haber desobedecido a Dios suicidándose.

En efecto, la extrema preocupación por los niños determina, en los espíritus menos preparados a los contratiempos naturales de la vida, estados de ánimo peligrosos.

En diciembre de 1928, en esta Capital, ocurrió uno de estos dolorosos finales de existencia, con el secretario del Colegio Quinze de Novembro, hombre culto, periodista, maestro, muy estimado por sus subordinados y en los círculos sociales.

La "Gazeta de Notícias", del día 30 de ese mes, dio un escueto relato del lamentado caso en los siguientes períodos:

> "De espíritu culto e inteligente, desde que inició su nueva carrera de educador, se había hecho querido por sus compañeros y discípulos, a quienes dedicó un amor verdaderamente paternal.
>
> Fue, por tanto, esta notable figura quien puso fin a su existencia en la madrugada de ayer.

En casa, tras un gran revés, herido en el corazón de su amado padre, se pegó un tiro en el oído derecho, muriendo momentos después.

Cuando se solicitó ayuda a Méier's Assistance, rápidamente se apresuraron a salvarlo; sin embargo, no pudieron hacer nada más, pues lo encontraron ya muerto.

El Dr. Pinheiro tenía 54 años y, recientemente, padecía neurastenia persistente. Cuentan personas de la familia del ilustre difunto que se sintió muy molesto al enterarse que uno de sus hijos, estudiante de 3° año de la Escuela Militar, había reprobado una de las materias, después de haber aprobado todas las demás.

Al acudir a la Escuela Militar para conocer los resultados de los exámenes de su hijo, lo encontró profundamente infeliz y extremadamente molesto. Al regresar a la residencia, poco después de las 9 de la noche, demostró enorme agitación, permaneciendo así hasta las 3 de la madrugada.

Inquieto de esta manera, recordó a los miembros de la familia el dolor que sentiría cuando viera a su hijo interrumpir su carrera porque lo expulsaron de la escuela, especialmente después de asistir a sus exámenes y pensar que merecía aprobar.

En una tensión nerviosa horrible, aprovechando el momento en que todos dormían, puso fin a su existencia de una manera tan impresionante."

Abundante, elocuente y auténtica es la documentación que los espíritus han traído a los que están en la Tierra, haciéndoles conscientes de los horrores que les esperan si cometen el delito de auto homicidio. Fuera de las preocupaciones y los ambientes sectarios, han surgido manifestaciones insospechadas de espíritus, que se identifican de manera convincente, unánimemente en los relatos de los sufrimientos atroces reservados a los suicidas, cualesquiera que sean las fuerzas impulsoras detrás de un procedimiento tan desesperado e ilógico.

Pero, a pesar de ello, nadie considera las consecuencias de tal acto, estando cada uno dominado por el miedo o por la revuelta impotente ante una determinada situación difícil o presumiblemente irremediable.

Son muchas las causas de este abandono; sin embargo, la que ofrece mayor número es la falta de coraje para sufrir.

Los antiguos diccionarios de Teología definían el suicidio de la siguiente manera:

"La acción de matarse, para liberarse de un mal que no se tiene el valor de soportar."

(Bergier, IV, p. 415, vocabulario. - Suicidio.)

Hubo una vez una gran controversia en torno al tema, ya que los no creyentes señalaban que los mártires cristianos genuinos eran suicidas, mientras que los doctores de la Iglesia sostenían la ausencia de - idea suicida - en estos creyentes puros, ya que no escapaban al sufrimiento, pero, al contrario, buscaban todos los martirios, sufrir en testimonio de fe, incluso la pérdida de la vida corporal, para que el espíritu pudiera encontrarse con el Maestro.

En este caso, no hubo revuelta ni miedo por parte del desertor ante las dificultades.

El suicidio siempre ha sido considerado, incluso en la antigua teología pagana, una manifestación de rebelión contra la Divina Providencia.

La propia Biblia, fuente antigua por excelencia, no identifica en su libro inicial este ataque criminal contra uno de los preceptos más sagrados de la ley mosaica, pero menciona y castiga expresamente el homicidio, forma de destrucción de la vida corporal, que solo Dios puede conceder o eliminar, en las relaciones de causa y efecto a las que están subordinados los seres espirituales en los mundos y en el espacio.

Es la lección del Génesis, cap. IX, vol. 6, que dice: "Si alguno derrama sangre de hombre, por el hombre su sangre será derramada; porque el hombre es hecho a imagen de Dios."

La ausencia de la palabra suicidio se debe a que esta palabra fue compuesta (de *sui* y *coedes*, si y morte), en el siglo XVIII, por el sacerdote jesuita Guyot Desfontaines (1685- 1745), autor de un "Diccionario neológico", un escritor de mucha erudición, pero con una biografía poco envidiable.

Sin embargo, a pesar de la conformidad que debe inspirar el canon religioso, el creyente atormentado abandona la vida, sin siquiera dar importancia a la ausencia de sufragios para el alma, que le serán negados dentro de las leyes eclesiásticas.

Tal fue el caso del Dr. Raúl Martins, juez íntegro, ciudadano íntegro, inteligencia culta, católico ferviente, quien abandonó su vida el 21 de noviembre de 1920.

Víctima de uno de esos terribles acontecimientos que teje el mal, dejó escritas estas descorazonadas palabras:

"Confieso que estoy derrotado y no tengo más fuerzas para luchar contra la perfidia humana."

Según los periódicos de la época, una comisión de funcionarios judiciales promovió, en el Centro Espírita "António de Pádua", en la Rua Senador Pompeu, 162, una sesión de oraciones a favor del espíritu del digno magistrado, que era muy estimado entre sus subordinados...

Por el médium respectivo llegaron palabras de la sufragista, que, en definitiva, dijo: "Sufro, y necesito de vuestras oraciones; pero, no culpen a los que fueron la causa de mi caída; oren por ellos también."

El mismo número de oraciones se hizo en la Logia Teosófica "Pitágoras."

"O Jornal", del 2 de diciembre, detalló así la emotiva ceremonia:

> "El Sr. Juvenal Meireles de Mesquita, presidente de esta asociación, antes de dar la palabra al Capitán del Ejército Eugênio Nicoll, que iba a dar una conferencia sobre la interpretación de los planes de la Naturaleza, realizó un acto devocional en intención del alma de este magistrado, a

quien la Religión Católica, de la que era ferviente creyente, y a la sombra de la cual vivió y educó a sus hijos, le negó consuelo espiritual, precisamente en el momento en que más lo necesitaba.

El señor Juvenal hizo una leve exhortación a los presentes, sobre la justa base que todas las almas son hijas del mismo Padre, y por tanto es la más flagrante de las injusticias negarle lo que ninguna religión niega a sus prosélitos, y lamentó que el catolicismo, que podemos considerar una gran secta del cristianismo primitivo, religión que basó sus fundamentos en la doctrina del amor y la fraternidad, practique iniquidades similares. La Teosofía; sin embargo, que considera a todos como hermanos, proporcionará a ese difunto juez el consuelo espiritual al que todas las almas tienen derecho.

Treinta y tres meses después, el espíritu Raúl Martins dio esta comunicación, ampliamente difundida desde entonces:

"Nada más desastroso le puede suceder al hombre que el suicidio.

Hubo verdaderas epidemias de esta indescriptible desgracia en los siniestros tiempos del materialismo romano.

En las sociedades modernas existen múltiples factores. En diferentes aspectos y formas, el suicidio contribuye en un enorme porcentaje al obituario en general, a veces determinado por obsesiones dolorosas, a veces por las dificultades y desalientos de la vida terrena.

- El suicidio presupone siempre la ilusión que el candidato se cree poseído, de liberarse de la carga insoportable de dolor y de tristeza que lo abruma y envenena su vida.

Sin embargo, ¡qué ilusión tan desastrosa!

Les cuento quién, bajo el tormento de una muy dolorosa opresión moral, cedió también a la atracción del abismo y supuso liberarse de la cuenta que, durante mucho tiempo, le estaba firmada, interrumpiendo el curso de la existencia.

Me equivoqué, mis queridos hermanos. Lejos de extinguir el sufrimiento, éste se intensificó y se volvió más íntimo y profundo aquí en el espacio, donde no hay noche, ni sueño, y la prueba del alma parece eterna.

Cedí a la vanidad mundana del honor y el prestigio.

Y sin embargo, veo ahora, en mi maldad no aliviada, que sería mucho mejor abstraerme de estas frivolidades para ocuparme de lo que es eterno e imperecedero: la existencia del ser y su progreso a través de las etapas del universo.

Hay millones de personas desafortunadas que, como yo, luchan en la oscuridad después de haber sido alimentadas por la ignorancia y el orgullo.

Si hubiera podido saber que todo el oropel de la vida terrena no vale ni una sola de las verdades que aquí ven a diario, ciertamente habría evitado, mediante un acto de valentía y resignación, esta horrible Gehena en la que ahora me encuentro. Me encuentro luchando.

El suicidio es la mayor desgracia que le puede suceder al espíritu.

Un acto de rebelión sin sentido contra los designios de la Providencia, encarna la desesperación del reo que quiere liberarse, por debilidad, del compromiso previo que asumió por sus errores.

Es una afrenta a la Divinidad, inútil y cobarde.

Inútil, porque el ser nunca podrá aniquilarse, ya que es eterno como el Padre y Señor de quien emana.

Veamos ahora la triste situación en que se encuentra el suicida cuando se desprende del cuerpo; más vivo que nunca, el sufrimiento conmovedor proviene de la sorpresa alucinante de verse indestructible, incapaz de cambiar en un solo detalle el destino que le ha sido fijado.

¡Sufre las consecuencias de su orgullo por el espacio, con la obligación de regresar a la materia para terminar la misión que tan locamente había interrumpido!

Sé fuerte, tú que me lees, cuando el sufrimiento te asalte.

Ahuyenta con todas las fuerzas de tu alma la visión oscura del suicidio, porque, desgraciados, si caen en ella, si ceden a sus oscuras sugerencias, entonces se abrirá para ustedes el verdadero infierno, el que está en que, sin metáfora, pero real y dolorosamente, hay llanto y crujir de dientes.

En el suicidio todos los dolores se nivelan, porque determina el mayor y más desesperado de todos los sufrimientos.

El dolor, lo negro, el dolor profundo, dentro de la tremenda impresión que no habrá piedad, no habrá remisión para el réprobo, el cobarde, el transgresor, que echó el saldo de su cuenta ante la Justicia del Divino Padre.

Piensa en esto y nunca admitas, en tu amargura, la idea de ese terrible tentador: el suicidio."

Este caso de un hombre culto y prestigioso, católico militante, que recurre al suicidio para escapar del sufrimiento no es un caso aislado en nuestro entorno social.

En mayo de 1932, uno de los más ilustres exponentes del Tribunal Supremo Federal, exquisita inteligencia, erudita cultura jurídica, carácter justo, hizo el viaje final a través del submarino suicida hacia la oscuridad de la errática.

Sintiendo que padecía una enfermedad grave e incurable, a pesar de los "grandes avances de la cirugía contemporánea", cayó en una profunda depresión moral.

De "La Noche", del día 16 de dicho mes y año, están los períodos que de manera concisa dan una idea de cuánto debió sufrir el ilustre magistrado, en su perturbación de espíritu:

"El ministro padecía desde hacía mucho tiempo una profunda neurastenia, que se había agravado enormemente por el grave ataque de gripe que padecía.

Asistido por el médico de la familia, y, aunque mejor del ataque de gripe, empezó a sentir violentos dolores en los intestinos y el estómago. El voluntario luego lo medicó, teniendo en cuenta tales malestares, y el ministro habría descubierto que la medicación recomendada era la que se les daba a las personas con úlceras. Era un medicamento típico para la enfermedad grave.

Nadie más podría obligar al ministro a ocultar sus temores. El propio médico intentó, en vano, arrancarle la duda que lo atormentaba, diciéndole que ese no era su problema y que el medicamento también tenía otros usos. El ministro se volvió taciturno, inquieto, hasta que ayer, declarando a sus allegados que sabía que moriría pronto, expresó su deseo de confesarse. Deberían llamar al Cardenal don Sebastián Leme, ya que su estado de salud le había impedido asistir a la Pascua de los Intelectuales, celebrada ayer, y recibir las gracias de Dios en la gran ceremonia religiosa.

El cardenal, amigo de la familia, no tardó en responder a la petición del ministro. Conociendo sus deseos, fue acompañado por el padre Franca, quien lo confesó.

El ministro le contó al cardenal sus temores, la tremenda duda que lo consumía, sabiendo que podría estar padeciendo una úlcera de estómago, sin ocultar el deseo que tenía de suicidarse, que le parecía mayor que la fuerza de su voluntad, superior a sus facultades, fortalezas que le debía dar su profunda fe en Dios, que siempre animaron su alma, colocándolo por encima de estas debilidades humanas.

Cuando el cardenal abandonó la mansión de la Rua Barata Ribeiro n. 89, en Copacabana, el ministro parecía reconfortado y ya no aturdido por la idea de suicidarse. Hoy se conoció su muerte, en condiciones trágicas, de manera impresionante.

El ministro se había levantado temprano, se había afeitado y había ido al baño. Su larga demora despertó sospechas entre otras personas de la casa, que bajaron al baño. Nadie respondió. Luego derribaron la puerta y se reveló la brutal realidad de todo. El ilustre jurista estaba muerto, dentro de la bañera, pero aun vestido con su pijama. Se había cortado los vasos del cuello de un golpe profundo, utilizando la navaja con la que se había afeitado, cuidando de posicionarse de esa manera, probablemente para evitar que la sangre, de la gran hemorragia que lo mató, se esparciera por todo el cuerpo. piso de la habitación."

La religión no influye, no tiene fuerza para detener la locura momentánea del que la sufre, cuando el espíritu se debilita y se deja dominar por las influencias externas de otros espíritus, que actúan en connivencia, según las circunstancias, las afinidades de intereses o sentimientos.

En este caso, muy elocuentemente, ¡cuánta argumentación, potente y rica en fundamentos cristianos, debió utilizar el ilustre sacerdote confesante, apoyado en las insinuantes palabras de su superior eclesiástico!

¿No resulta intuitivo que, conmovidos por el inminente colapso de aquel hogar fervientemente católico, los eminentes representantes de la Iglesia Católica fueron auxiliados e inspirados en el adoctrinamiento de aquella alma excitada por un espíritu de las tinieblas, queriendo arrastrarla hacia el crimen atroz del suicidio?

Sin embargo, una vez cesada la influencia de la palabra que parecía haberlo convencido y consolado, la víctima volvió a tomar el rumbo de su perturbación y se hundió en el error.

La idea del suicidio es una obsesión que debe ser erradicada por el espíritu mismo, y contra la cual ninguna palabra tiene poder decisivo. La prueba está en los suicidios de sacerdotes católicos y monjas de clausura.

La documentación, en esta aseveración, podría ser copiosa; pero, para documentación que excluya la sospecha de vacancia afirmativa, bastarán dos casos típicos.

El primero, relatado por "O Globo", el 8 de septiembre de 1946, se refiere al suicidio de la monja Olga Merosova, cometido en Jerusalén, en la Iglesia del Santo Sepulcro.

El otro, citado por el "Diário de Notícias", en su edición del 13- 2- 1949, señala el suicidio del padre Andréa Blanchi, quien, de un tiro en el estómago, se eliminó de la Iglesia, en la casa de huéspedes de "Santa Marta", en el Vaticano.

Elocuente es también el epílogo del drama que fue la vida del gran escritor portugués Camilo Castelo Branco.

> "Obsesionado, pesimista, médium que nunca valoró ni prestó atención a sus facultades mediúmnicas, ni siquiera a los fenómenos notables ocurridos en su desordenada existencia, él mismo preparó su triste final.
>
> De gran cultura, algo acostumbrado a las agitaciones de la vida, que nunca supo vivir bien, anciano enfermo de hígado y no menos dispéptico en el pasado, sufrió una enfermedad ocular que le llevó poco a poco hasta los límites de la ceguera total.
>
> Siempre con la esperanza de mejorar o curarse, pasó el tiempo, hasta que logró consultar a un especialista autorizado, que lo examinó en su propia casa y de quien esperaba la última palabra decisiva sobre su enfermedad. Esto fue en junio de 1890.
>
> Al no conseguir el diagnóstico, o más bien el pronóstico, de la enfermedad por parte del médico, Camilo Castelo Branco, caminando sutilmente, se acercó a escuchar, mientras un familiar acompañaba al óptico en su salida. Solo entonces Esculapio dio su opinión sobre la enfermedad del gran escritor: era una causa perdida, una ceguera irremediable.
>
> Al escuchar la terrible revelación, que pretendían ocultarle, Camilo Castelo Branco, que llevaba mucho tiempo pensando en suicidarse, se pegó un tiro en la cabeza."

Del tortuoso pensamiento que este Espíritu, ya agobiado ya exhaustivamente por las necesidades de la vida material, trabajó durante tal interregno, la carta que escribió dice elocuentemente:

"El 26 de noviembre de 1886.

22:00 horas.

Los males indescriptibles que cada día se complican más me llevan al suicidio, único remedio que puedo darles. Rodeado de infelicidad de tipo moral, siendo la primera la locura de mi hijo Jorge, y la segunda las locuras de mi hijo Nuno, no tengo nada que me sustente en consuelos familiares. La madre de estos dos desafortunados no promete una larga vida; y si pudiera alargar mi existencia hasta ver muerta a Ana Plácido, infaliblemente me suicidaría. No dejaré que caiga sobre mí esta enorme desgracia, la más grande, la incomprensible para mi gran comprensión de la desgracia. Esta decisión de suicidarse viene de lejos, como una premonición.

He predicho este final desde que tenía treinta años. Me temo que, cuando llegue el momento supremo, no tendré la fuerza de ánimo para trazar estas líneas. Anticipo la hora final. Quien pueda tener la intuición de mis dolores, no me tenga lástima. Mi vida fue tan extraordinariamente infeliz que no podía terminar como la de la mayoría de las personas desafortunadas. Cuando lea este artículo, estaré disfrutando de la primera hora de descanso.

No dejo nada. Dejo un ejemplo. Este abismo al que me arrojé es el "terminal" del camino vicioso por el que me llevaron las fatalidades.

Sea bueno y virtuoso quien pueda serlo.

Camilo Castelo Branco, San Miguel de Seide."

Sumido por este oscuro salto en el abismo insondable del suicidio, el incauto y orgulloso hombre de letras se enfrentó a las terribles e irrevocables realidades de Más Allá de la Tumba, donde el espíritu choca con el muro infranqueable de las leyes eternas que rigen la verdadera vida.

Lejos de encontrar el descanso que filosóficamente se había anunciado y prometido, el pobre escritor encontró sufrimiento, remordimiento, dolor, una prisión de visiones aterradoras, un escenario de expiaciones extremadamente dolorosas, ante las cuales su pesimismo iconoclasta era incapaz de aliviar las más mínimas dolencias. Y así, atrapado en la trampa de los castigos espirituales, permaneció encadenado al tiempo específico en el que saldría de la perturbación: comunicarse con el mundo que había abandonado criminalmente antes del final ineluctable.

Mucho tiempo después, más de cuatro años después, le pidieron que dijera sobre el suicidio, esto es lo que su espíritu transmitió a una médium de su compatriota:

> "Es equivalente a pedirme una sinfonía siniestra para la ópera de Horrible.
>
> No puedo decir cuánto se necesita; y todo lo que digan no será, por sus deficiencias, sombra de la verdad necesaria. Pero no rechazo a mi contingente, ni quiero perder la oportunidad que me ofrecen, de llamar una vez más a los incautos para que se protejan de caer en el abismo en el que me sumergí, en tan infortunada hora.
>
> Se supone que el suicidio es la muerte.
>
> Algunos creen que el hecho que la carne putrefacta vuelva a pudrirse significa la extinción de la vida y el sufrimiento.
>
> Para ellos, es la liberación, la ruptura de los grilletes sujetos al dedo forzado del martirio; en cuanto a otros, es solo un remedio listo para situaciones embarazosas inextricables en este momento.
>
> Hay quienes creen que es un cómodo cierre a una vida de angustia; como hay quienes lo ven como una trampilla fácil a través de la cual uno puede escapar de los azotes del destino.

Para algunos es una cura radical para el dolor; para otros, una forma astuta de escapar de la mala suerte.

Algunos lo ven como un final forzado y una bendición para las decepciones; otros lo buscan como un franco conserje para la región de Esperanza.

Para los no creyentes, es una conclusión lógica a las dificultades y angustias; hasta el desafortunado último recurso de la acobardada desesperación.

Algunos creen que con ella se puede alcanzar la paz eterna de la nada: el sueño apacible del que nunca se despierta; otros lo imaginan como una palanca irresistible para forzar la puerta del olvido.

Unos quieren, con él, aplastar el remordimiento de castigar la justicia; otros quieren subir más rápido al cielo con él.

Y todos son engañados por los traicioneros y alucinantes espejismos de la tentación. No es muerte; no da liberación; no constituye medicina. No apaga la angustia, ni abre el camino a una huida redentora de los azotes del destino vengador.

No cura el dolor, ni previene las deserciones.

No pone fin a las desilusiones del alma, ni dirige a los videntes a las soñadas costas de la esperanza.

No les da a los incrédulos ninguna razón para su estupidez; ni a los desafortunados consuelos que impregnan su pusilánime desesperación.

No conduce al desdichado a la paz suprema de la nada, ni lo adormece en un sueño eterno e indespertable.

No abre a los tristes la región letárgica del olvido; no da una mordaza a los arrepentidos para acallar el grito de la conciencia; ni ayuda a los creyentes a tomar el cielo por asalto.

Para todos, el suicidio es una decepción.

Simulando defenderse de la desgracia, se empuja violentamente para dar un salto mortal hacia el horror.

No conozco nada que se le compare.

Ni la blasfemia, que supongo es la ofensa suprema a la razón; ni el fratricidio, que creo es la ofensa suprema a la humanidad; ni el matricidio, que presumo es la ofensa suprema a la Naturaleza.

El suicidio es la ofensa suprema a Dios.

En él, el dolor redobla su intensidad; el alma se llena de desesperación, que parece interminable en el tiempo y la angustia.

Constituye la cristalización del dolor; la aflicción de la ansiedad que nada satisface; el mordisco abrasador y eterno del remordimiento.

Fui suicida. Queriendo escapar de la ceguera de mis ojos, me sumergí en la ceguera de mi alma.

Pensando en escapar de la oscuridad que cubría mi vida, me fui a vivir a la oscuridad donde los suicidas braman sin descanso; y blasfeman cuando ruegan. Me fui a vivir a la región oscura donde los réprobos muerden y arañan; donde ríen, con ojos ardientes y rechinar de dientes, los furiosos de juicio.

Donde el suicidio arroja a sus mártires, en una brutal repulsión de loco, no penetra ni la Luz de Dios ni la caricia de la esperanza.

Allí la gente ruge, gime, llora, solloza, aúlla, blasfema, maldice y despotrica. No hay paz; uno no sabe ni puede orar.

– Es la cueva del sufrimiento, de la que Dante solo vislumbró el portal.

Sé que allí me sacudieron rabiosas convulsiones; que lágrimas hirvientes quemaron mis ojos ciegos; pero no está de más decirlas.

Los dolores extraordinarios no se pueden describir. Se sienten a sí mismos, en su *eculeus* titánico, pero no se definen. Entran por el infinito; son lo indecible; son los incomprensibles.

Cuando el suicida pretende cerrar con la muerte la puerta de la agonía, abre la puerta al ciclo infernal de la desesperación.

Matándose uno mismo no se aniquila la vida; destruye, simplemente en un acto de rebelión inepta, los medios eficaces y providenciales de su progreso; y retrasar voluntariamente la hora deseada de su felicidad.

La vida, más allá del suicidio, pertenece a la fase humana que los hombres de la Tierra no conocen, para la que no tienen ideas apropiadas y para la que la necesidad aun no ha creado palabras representativas. De los dos, todos los que más dolorosamente, más trágicamente y más sugestivamente pintan el aspecto de lo horrible, no dan la vaga impresión de los tormentos que el suicida comienza a sufrir cuando, por presunción ingenua o traviesa, supone conquistar, por una violencia de su voluntad, el fin de su sufrimiento.

¿Es tan bueno? ¿Es malo? Es así. Es como es, y tal como es, tenemos que aceptarlo.

Es posible que haya quienes harían algo más perfecto; pero lamentablemente Dios se olvidó de consultarlos antes de completar su obra.

Fue una falta grave; pero el grito indignado de los amos de este mundo ya es demasiado tarde para remediarlo.

Deje de lado los pensamientos de enmendar lo que se ha hecho.

Conserven su sabiduría, que puede servir mejor para fertilizar trampas y desvergüenzas en los cónclaves parlanchines de disparates en los que allí pontifican.

Conjuro a quienes me leen a creerme sin intentarlo. El desastre será irremediable si no lo hacen. Acepten, acepten el hecho tal como es.

Acepten la vida como puedan. Corríjanla corrigiéndose a sí mismos.

Adáptense a las situaciones, incluso a las más desesperadas.

Dios proporciona un remedio para todo lo demás; pero Él es el juez de la oportunidad de aplicarlo.

Aceptar el dolor, la ceguera, las deformaciones, las aberraciones, la desesperación, la persecución, la desgracia, el hambre, la deshonra, la degradación, la ignominia, el barro, todo, todo lo malo, injusto o humillado en el desprecio que la Tierra les puede dar, que siguen siendo cosas excelentes en comparación desilusionada con lo mejor que pueden alcanzar, por el camino del suicidio."

Igualmente conmovedor y hermoso es el mensaje que Camilo Castelo Branco envió a nuestro Chico Xavier, en 1936 - *A los que sufren*:

"Una vez más, cuando escribo al mundo, lo hago dirigiéndome preferentemente a los que sufren y a los torturados. Aquellos que, como yo, han experimentado el amargo dolor de las lecciones más dolorosas, sentirán durante mucho tiempo el regusto áspero que proviene de arrepentimientos tardíos y de amargos remordimientos. El suicidio no es el sueño acariciado por los cobardes e indefensos que luchan en la inmensa noche de los condenados; es la marea traicionera que arroja a los náufragos de la incredulidad y el tormento a los afilados acantilados del pavor. No es el silencio el deseo que expulsa las penas, que cura los dolores, que cura las heridas, que enjuga las lágrimas, que deja dormir en imperturbable quietud al espíritu atribulado, es el sufrimiento único que no se ve, que duplica la ansiedad y la amargura de las lágrimas de los acobardados.

Un suicida no es más que cualquier otra cosa: un réprobo. Y casi un reproche de Dios, si Dios no fuera amor ilimitado y piedad infinita.

Los desdichados conservan el pesimismo como una alegría morbosa y casi siempre este fantasma aterrador se apodera de los débiles y de los incrédulos, apaga la última chispa de fe y de esperanza que en ellos queda, y la noche impenetrable se hace sentir en esos corazones aterrados por la tortura; oscuros abismos se abren bajo sus pies y las víctimas de la ceguera, indefensas y temblorosas, son absorbidas en la oscuridad fatal. Porque es necesario resaltar que la ceguera de los ojos representa poco frente a la ceguera del corazón; los desilusionados aprovechan las sombras para llevar a cabo su evasión criminal y, mal advertidos por su estupidez, fagocitados por la soledad de la tentación, repelen el dolor, fértil de luminosidades desconocidas, para entrar, sorprendidos, en el país detestable donde los desesperados rugen de dolor, jadean bajo las tenazas de la amargura.

Numerosos miserables tránsfugas creyeron encontrar, con la excusa del suicidio, un fin a sus problemas, un remedio a sus aflicciones, sedante para sus úlceras, tranquilidad en los días oscuros de hambre y miseria; las decepciones más crueles les aguardan; sin embargo, a las puertas de la tumba.

La quietud inviolable de la muerte es solo una figura mitológica que la realidad aplastante rueda sin piedad desde el pedestal que le ofrece la ignorancia.

Devolver la carne podrida a la tierra no es lograr el descanso deseado, porque el cuerpo muere todos los días; para que se produzca su desarrollo es necesario que desaparezcan y nazcan nuevas células que conserven la energía vital. La infancia es el embrión de la juventud y la vejez es una sombra de la juventud.

La muerte no representa más que un acto de transición. La inmortalidad es un atributo solo del alma que piensa, lucha, llora, sufre y sueña.

El espíritu es depositario de la vida, de los sentimientos y de las responsabilidades que Dios le ha dado; de ahí la incapacidad de aniquilar discrecionalmente aquello que no le pertenece y de lo que temporalmente se ha convertido en dueño, sin perjuicio grave para su existencia futura.

Sin embargo, aquellos que se han aplicado a tal desgracia poco se preocupan por estas verdades, y constantemente es un cráneo el que estalla, un organismo que es esterilizado por el poder de las drogas, una persona debilitada que es arrojada al mar. Es el eterno caos de los náufragos y los cobardes. Sin embargo, los desgraciados - donde me cuento - no contaron con los espectros del dolor más allá del ataúd que archiva un entramado de huesos engusanados, y se aterran en gritos tardíos que nadie escucha. Sollozan y se esconden, pero la conciencia, ese juez austero e incorrupto, como testigo silencioso de nuestras acciones y de nuestros pensamientos, se hace oír cada vez más irritable y amarga, con la severidad de sus enérgicas reprimendas.

Entonces reconocemos la inutilidad de nuestros sueños y nos damos cuenta de la angustiosa realidad de nuestros sufrimientos que se nos presentan sin fin. Ya nuestros ojos se han licuado en la tierra y las lágrimas queman nuestros rostros que se vuelven lívidos de terror; nuestro esqueleto, inmóvil y repugnante, ya reposa en la tumba, listo para las transformaciones en el seno fértil de la Naturaleza, y sentimos escalofríos por el frío atroz que atraviesa nuestros huesos, que nos traspasa de miedo y terror. Aullamos, gritamos, suplicamos, lloramos. Gritan, aúllan, gimen, blasfeman. El silencio a menudo reina afuera, pero las profundidades de nuestro ser son un reino misterioso donde escuchamos rugidos de remordimiento, lamentos de arrepentimiento, donde acecha un manto inconmensurable de horrible oscuridad.

Dentro de nosotros todo es una noche de tormenta donde ningún rayo cruza. Fuera de nosotros, también domina otra noche espantosa que evoca un aislamiento absoluto.

El suicidio es la desgracia suprema que afecta a un espíritu. El suicida es un alma arruinada que carga con un inmenso ciclo de años de desolación y dolor, con el tremendo peso de sus indignidades y desventuras.

¡Cuántos por ahí desconfían del cáliz de lágrimas que les espera, probando la arriesgada experiencia que les sirve como penuria, como lección más querida...! ¿Hay paz en la muerte? ¿Amanecerá una nueva vida más allá de la oscuridad de la tumba? – Preguntan ansiosos -; sin embargo, exista o no, la existencia en la Tierra constituye para ellos un malestar perenne, una tortura intermitente que se renueva a cada momento. ¡Y zas...! ¡Sin ningún preámbulo, se embarcan en el fatídico viaje, que es la horrible peregrinación de los desesperados por el Destino...!

¿Cuál es el silencio deseado, donde descansan los imperturbables, el desierto del no ser? ¡Milagrosos espejismos de la muerte engañosa, falsas promesas de la materia, que se alimenta de apariencias e ilusiones...!

El suicidio es un dragón, más feroz que el de todas las leyendas, que atrae a los débiles al camino del sufrimiento y el horror. Mucho se ha escrito y explicado al respecto; sin embargo, todo lo expuesto sobre esta desgracia de los hombres queda lejos de la verdad. El potencial descriptivo de los cerebros más fuertes está paralizado, inmovilizado en las regiones infernales donde los conduce el suicidio, bajo la furia de ese Aquilón espantoso que quema sin destruir, hiere sin matar, golpea, derrota y amarga a sus víctimas, que ya son tan infelices, torturadas sobre el pollino del tormento, escoria del mundo canalla de la sociedad, viles marginados, miserables harapos humanos que los hombres aventureros, al parecer, pisotean y humillan con el asqueroso escupitajo de su repugnancia.

Sin embargo, existe una única Ley sobre el destino de los desafortunados. Dios lo preside. Éste es el *quantum satis* de la cuestión. Es necesario aceptar esta Ley, como se nos presenta tal como es. Es necesario aceptar el dolor más desastroso, recibir las bofetadas de la mala suerte, las desgracias que asesinan, las traiciones, las lágrimas, la hiel de todas las amarguras, las calumnias y la hipocresía de los ingratos. Acéptalos como buenos y con humildad. Esto es lo que nos sugiere la Ley para la felicidad en el futuro.

El hombre necesita evitar el estrabismo que le hace infeliz, fuente de excesos en sus juicios erróneos. Reconozcan que la justicia indefectible de Dios se cierne sobre todas las pseudo anomalías terrestres, y el espantapájaros del dolor desaparecerá de la faz del mundo, expulsado por la razón que lo aniquila. El mal ya no persistirá y el detestado sufrimiento será mejor recibido a la luz de interpretaciones más claras.

¡Que los que sufren y los desilusionados me escuchen! La experiencia de uno constituye una dificultad para muchos. Evite aprender su propia lección a través del amargo ejemplo de los demás.

La miseria, la mazmorra, la enfermedad, el abandono, las tribulaciones son la víspera de una eternidad luminosa, de una fuente de alegrías eternas, para quien sabe acogerlas.

Los pedófilos, en quienes la amargura se convierte en una aflicción que los atormenta y roe, que sigan bebiendo voluntariamente su té. Sigue, sigue. Que no nos escuchen, y, si el suicidio constituye el terrible final del romance de sus infructuosas vidas, más tarde reconocerán su locura o su idiotez, y no se aterrarán en el sombrío viaje de la desesperación y la desolación."

Pese a ser bellas y conmovedoras, las patéticas advertencias del desafortunado escritor no convencieron precisamente a uno de sus descendientes, quien, tal vez, traía del pasado arduos compromisos, pagables con lágrimas y dolor.

"A Notícias", del 3- 7- 1951, decía:

> "Lisboa, marzo (U.P.) - En el pueblo de Boa Vista, el día 2 de este mes, Alexandre Castelo Branco Vilaça, de 37 años, bisnieto del novelista Camilo Castelo Branco, se suicidó. Alexandre mató a la mujer que repudió él, doña María Augusta Carneiro, de 42 años, y luego se suicidó."

Vale la pena señalar algunos suicidios de la gran intelectualidad portuguesa, entre los cuales el profundamente sufrido y expresión comprensiva de Antero de Quental, el poeta que tal vez derramó las lágrimas más ocultas, llorando por su muy difícil calvario, y que él, en su materialismo filosófico, nunca pudo comprender.

Contemporáneo de una generación brillante, de João de Deus, Guerra Junqueiro, Eça de Queirós, Ramalho Ortigão, Oliveira Martins, João Penha, Gonçalves Crespo, por citar solo a los más conocidos, Antero de Quental había venido al mundo estigmatizado por un mal desconocido , que prohibía las deliciosas victorias del amor, la alegría de formar una familia.

Viviendo en la intimidad de jóvenes felices y sanos, viendo e imaginando cuántas bendiciones daba la existencia a los sanos, ¡solo él, el condenado, no podía sonreír también!

Y, un día, el 11 de septiembre de 1891, después de sufrir otra de las crisis que lo inmovilizaron, con los nervios doloridos y debilitados, cuando se convenció que estaba preso en la tristeza y que la alegría nunca abriría las puertas de su mansión dorada. Saltó a través de la brecha del suicidio y cayó al valle de la muerte.

Ante tan impactantes deserciones, que llenaron de dolor a cuantos conocían el valor de estas grandes figuras de la tierra portuguesa, "La Época", reconocido diario publicado en esta Capital, insertó los siguientes comentarios y transcripciones, que, a pesar de ser conocidos, nunca han perdido ni perderán su valor instructivo, siempre oportuno para quien se encuentra, de un momento a otro, al borde del desánimo o de la desesperación, debido a la terrible idea del suicidio:

> "Quienes estudian la doctrina y la fenomenología del Espiritismo, se dan cuenta que es la verdadera luz que ilumina el curso del progreso humano - espiritual, moral y social - y descubren, a cada paso, acusaciones horribles contra él.
>
> Desde el punto de vista religioso, se dice que es la acción tentadora y perdedora del Diablo; cuál es el camino más corto y rápido al infierno. Y el Espiritismo es trabajar duro, predicando el amor, el respeto y el culto a Dios; ¡la práctica constante del amor, la bondad, la caridad y el perdón hacia los demás!
>
> Desde un punto de vista filosófico, se dice que es la negación de la verdad, de lo positivo, de lo material, de los logros extraordinarios e irrefutables del método moderno de investigación y análisis; que es la resurrección de viejas creencias, leyendas supersticiosas, manifestaciones fanáticas, religiones obsoletas. Y proclamamos que es la ciencia de las religiones; lo cual, filosóficamente, es perfecto; que contiene la explicación, hasta hoy inalcanzada, de fenómenos cósmicos, patológicos, psicológicos y sociales; que, como ciencia, va de la mano de los más rigurosos métodos de análisis, inducción y deducción; ¡Que, en el campo de la experimentación, sus logros son ya enormes, inexpugnables y esclarecedores!
>
> Desde el punto de vista social, lo acusan de atentar contra la sociedad y la familia, cuando los espíritas no hacen más que proclamar y enseñar los principios más puros de respeto mutuo, tolerancia mutua, amor universal, moral social, justicia, autoridad y deber.
>
> Hasta ahora, desde el punto de vista patológico, el Espiritismo ha sido acusado de provocar neurosis que conducen a la locura y al suicidio, y no sabemos cuántas otras desviaciones de la paranoia, cuando busca prevenir o

reducir muchos casos de supuesta locura, y condena, con la violencia trágica de un ejemplo horrible, la cobardía del suicidio; y busca fortalecer los espíritus debilitados por la desesperación, el hambre, el dolor, la injusticia y las luchas sangrientas y angustiosas, que la sociedad, egoísta e indiferente, tan profusamente siembra y cultiva, aconsejando la resignación, la conformidad con el propio destino, la participación en todos los sufrimientos, en la esperanza que esto sirva, como lo hace, para la perfección espiritual de la vida eterna.

Sabios, verdaderos, videntes, son todos estos ilustres señores, que, sin querer estudiar el Espiritismo, como cosa mala del Demonio, o como cosa propia de cretinos, dándole la consideración de terror, o el desprecio del desprecio - atrévete a juzgar y condenar en la más pura y celestial de la audacia.

No se sabe, no se estudia; pero uno se acusa, se ataca y se rechaza por intuición, por inducción y por la ingenua audacia de la ignorancia...

Ahora que la prensa ha vuelto a dar la alarma contra el suicidio, vuelven a surgir acusaciones del Espiritismo como factor de esta horrible cobardía humana.

La profecía que quienes la hacen no conocen el Espiritismo sino de oído, no es arriesgada. Nunca lo estudiaron, ni siquiera superficialmente. Si hubieran leído, por reflejo de conciencia o por simple curiosidad, algo de lo mucho que se ha escrito sobre el Espiritismo, para poder hablar con algún conocimiento y autoridad sobre el tema, habrían venido. Se cruza, en los primeros ensayos de lectura, con la condena formal y absoluta del suicidio.

No hay ningún espírita convencido que se suicide.

Todo espiritualista sabe que la mayor - la Mayor, claro está - de las ofensas cometidas contra Dios es el suicidio.

Es común, en las sesiones espíritas, que aparezcan espíritus sufrientes y desesperados; porque no es fácil encontrar sufrimientos más desesperados ni más horribles que los de los suicidas.

El espíritu del suicida continúa sufriendo todos los tormentos de los que busca escapar a través del escondite de la muerte, además de sentir, por tiempo indefinido - solo limitado por atenuantes y por el arrepentimiento absoluto - todos los sufrimientos físicos de la muerte, el proceso por el que decidió suicidarse.

Hay suicidios por propia debilidad, por incredulidad y por tentaciones de espíritus desencarnados. En las tres hipótesis, el antídoto más eficaz es el Espiritismo.

Los débiles buscan el suicidio porque no sienten que tienen la fuerza y el coraje para afrontar las dificultades de la vida, la pérdida de bienes y honores, el dolor físico o moral, el desamor o los contratiempos cotidianos que providencialmente vienen para experimentarlos y mejorarlos.

Los incrédulos la buscan porque, ignorantes de las leyes que regulan la evolución del espíritu humano, negando a Dios y la eternidad del alma, buscan en la muerte el fin lógico de las dificultades y del martirio que los abruma en la vida terrena.

Los que son tentados no son espíritas ni saben nada de Espiritismo.

Se sienten perseguidos, ilesos de impresiones sugestivas que se supone que son manía, alucinación o locura, y no pueden resistir estas impresiones tenaces y asesinas, que los impulsan constantemente al suicidio.

En el primer caso, el Espiritismo es un remedio porque, en todos los sentidos, busca animar a los tibios, incitándolos a persistir en la lucha, confiando en que Dios vendrá en su auxilio, a su debido tiempo, a través de las legiones de espíritus abnegados que se dedican, en el espacio, a través del apostolado del Bien.

El Espiritismo enseña la doctrina moral y fortalecedora que todo dolor y sufrimiento son pruebas necesarias para el progreso del alma, y eso, en lugar de huir de ellos o maldecirlos, debemos bendecirlos, como ayuda amiga y providencial para nuestro indispensable progreso.

El Espiritismo enseña y demuestra que, bajo ninguna circunstancia, podemos escapar a estas pruebas necesarias, y que, cuanto más tarde las releguemos, o cuanto más nos rebelemos contra ellas, más largas y más terribles tendrán que ser.

En la tercera hipótesis, la defensa sigue siendo el Espiritismo.

Un espírita sabe que la insistencia con que se piensa en el suicidio constituye una sugerente y odiosa persecución de enemigos desencarnados, o una experiencia necesaria para evaluar cómo se comporta ante la mayor tentación que se le puede presentar a alguien

En cualquier caso, reconoce que no debe sucumbir.

Sabe que, en defensa propia, necesita reaccionar de todas las maneras, mediante la fe en Dios; por súplica al espíritu que lo persigue; por oración; por la calma; por la moralización de su vida; por distracción; para el trabajo; por la abnegación y la renuncia a todas las cosas cuya privación o repugnancia motiva y favorece la tentación.

El catolicismo condena el suicidio con las fulminaciones de Dios, y aparta al suicida de su gremio; la moral social lo execra como abandono social del hombre, como cobardía imperdonable.

El Espiritismo no lo condena, como las religiones, ni lo execra como la sociedad, pero, sobre todo, solo muestra, en la práctica, de manera conmovedora y aterradora, la magnitud y la monstruosidad del sufrimiento al que conduce el suicidio.

Esto, que aquí hemos esbozado brevemente, se dice de muchas maneras en los libros espíritas; las comunicaciones de los espíritus así lo dicen; esto es lo que dice la investigación consciente y honesta en la experimentación mediúmnica. El autor de estas líneas, antes de ser espiritista, era propenso al suicidio. Incrédulo en la vida eterna, no comprendía la necesidad de vivir.

No amaba ni deseaba la vida...

Las escasas alegrías que ella le brindaba no compensaban, salvo en pequeña proporción, las penas y sufrimientos que lo atormentaban y que, ante sus cautelosos ojos "de espíritu fuerte", adquirían magnitudes abrumadoras.

El Espiritismo lo curó.

Ahora ya sabes para qué se da la vida y para qué se sufre. Y esto alivia el sufrimiento, nos obliga a corregir defectos y ambiciones.

Se volvió inmune a los virus.

Solo con la total irresponsabilidad de la más completa locura se suicidaría hoy.

¿Y a cuantos les gusta eso? A muchos.

Sufren, lloran, se dejan trastornar, pudrir, sucumbir al tormento; pero reaccionan con calma y firmeza, no huyen por la puerta ancha que la cobardía o la tentación traidora pueden abrirles.

Su propio egoísmo les defiende, si no el amor, sí el respeto a Dios y sus leyes.

Saben que, como consecuencia de estas leyes, pagarán usureros por una liberación falsa.

Saben que, como dijo Antero de Quental en una de las comunicaciones "*Desde el País de la Luz*" (capítulo IX, vol. II):

"Los mayores martirios de la Tierra son dulces consuelos comparados con los más leves sufrimientos de un suicida."

¿Cómo se puede acusar al Espiritismo de ser un factor de suicidios?

La veracidad de esta afirmación queda demostrada con la publicación de algunas comunicaciones y algunos relatos de hechos cuyo tema es el suicidio.

Estas transcripciones, para los creyentes, revelarán verdades y ejemplos considerables y aterradores; para aquellos que no creen en la verdad espiritual, seguirán constituyendo una prueba positiva, indestructible y beneficiosa de la condena del suicidio y que trabajamos diligentemente para prevenirlo, hablando incisivamente, mediante la persuasión y el ejemplo terrorista, a la imaginación, al egoísmo, al miedo de los débiles, a la duda y a la vacilación de aquellos que se llaman a sí mismos incrédulos y materialistas... que no siempre son verdaderamente incrédulos y materialistas...

Comenzaré con la comunicación de Antero de Quental, dada el 25 de enero de 1907.

Dolorosa autoridad tiene ese gran pensador para hablar de un tema tan apasionante. En un momento más abatido de su triste vida de pensador, de su alma macerada y dudosa de enfermo, se suicidó, suponiendo que había alcanzado la paz que no podía encontrar en el mundo. Y, en lugar de paz, se encontró con el sufrimiento más trágico.

En las palabras que se leerán, llenas de melancolía, amargura y pesar, hay gritos desgarradores de dolor y decepción; Hay una lección profunda y magistral para todos aquellos que creen que basta saltar a la tumba para huir, y los motivos que les llevan a buscar alivio en la muerte desaparecen por completo.

Que quien los lea medite en ellos. Sin embargo, quien los medite debe saber y reflexionar que Antero era bueno, era justo, era un santo, como lo llamaban. Y, si un espíritu así, elevado y bondadoso, sufre como dice sufrir, ¿qué será de los demás que no tienen para protegerse la pureza virtuosa de su alma, ni el estoicismo filosófico de su tristeza enfermiza? Vamos a oírlo:

- "Vengo a cumplir mi promesa. Estoy muy contento con esto. Cumplo así con una obligación, asumida espontáneamente, y trato de llevar a los tristes pueblos de la Tierra un poco de la experiencia que adquirí a costa de tanto sufrimiento.

Es del suicidio de lo que voy a hablar.

Hay personas para quienes el suicidio constituye una aparente liberación. Sintiéndose víctimas de enfermedades que consideran incurables, o de desamores que creen sin consuelo, comienzan a odiar la vida y a sentirla como una carga muy pesada que los aplasta.

Anhelan la muerte.

Si creen en Dios, le preguntan a él, en lugar de pedir alivio para su sufrimiento. Si no creen, maldicen la naturaleza o el destino de las cosas, que permanece indiferente a su martirio y no les pone inmediatamente fin.

No buscan medios naturales, contenidos en ellos mismos, para combatir el enervamiento, el sufrimiento y la apatía fatalista en que se sumergen.

Parece que sienten un doloroso placer al magnificar en sí mismos las causas de su dolor, inventar nuevas razones para el dolor, magnificar las existentes, expresar su debilidad a través de amargos y permanentes lamentos y quejas, crear una atmósfera de tristeza alrededor de su personalidad, que realmente Parece que no puede romperse excepto con la muerte.

Cuando un paciente comienza a pensar en el suicidio, este acto maldito se suspende inmediatamente sobre su cabeza, como un recurso final, ¡como una esperanza sonriente!

Ya no pensamos en la liberación de la desgracia a través de medios humanos, como la paciencia, la resignación, el conformismo, la reacción, la fuerza de voluntad, la lucha feroz contra las causas reales o presuntas del propio sufrimiento, la memoria de los seres queridos, que también hacen sufrir a las personas, y que, por amistad, por desinterés o por deber, estaban obligados a respetar y alejarse de su propio dolor, en definitiva, ni siquiera por su propia dignidad, por su valentía, e incluso por el miedo que ejerce la muerte, lo desconocido sobre todas las criaturas terrenales. Nada de esto atenúa su consternación.

Piensan inmediatamente en el recurso extremo que tienen en sus manos, pero que no les pertenece: la supresión de la vida que poseen involuntariamente.

Nosotros, los que somos propensos al suicidio, despreciamos los vastos recursos que Dios nos ha provisto para que podamos salir triunfantes de la adversidad y la tentación; y solo recurrimos a lo que Él no nos permite usar.

La tentación de suicidarse es una pesadilla en la que nos involucramos y que nos despierta.

Se apodera de nosotros, nos encierra en sí mismo, nos domina, sin dejarnos hacer el menor esfuerzo para alejarlo.

Cualquiera que quiera reaccionar despertará de esta pesadilla y reaccionará. No requiere mucha energía. Solo hace falta un poco de voluntad y sentido común.

A veces, un pequeño accidente en nuestra vida, un añadido de dolor, o un simple placer, que llega inesperadamente, provoca la reacción. Todo lo que teníamos que hacer era tomar esta reacción como debíamos y persistir en él para liberarnos, de una vez por todas, de la obsesión que nos lleva al suicidio.

Si en estos momentos de tregua la razón fuera ayudada por la voluntad, el débil, que solo piensa en abandonar la lucha, como un cobarde desertor que abandona su puesto de honor, ya no pensaría en escapar; y vendría un alma nueva para fortalecer su fibra agotada y fortalecer su espíritu debilitado.

En un corto período de tiempo, sus sufrimientos, reales o imaginarios, desaparecerían o, al menos, se harían más leves, de modo que ya no se sentirían con dureza; y un nuevo amanecer de paz y alegría amanecería para el infortunado que poco antes había asumido que su dolor no tenía remedio y su martirio no tenía fin.

¿Cuántos, al leerme ahora, sentirán en su alma feliz la profundidad de esta verdad? ¿Cuántos elevarán una oración a Dios por su propio consuelo y alabanza a Él, cuando reconozcan que así se liberaron de los tentáculos de la monstruosa "*pieuvre*", mucho más terrible que la de Víctor Hugo?

¡Y todavía no sueñan con el horror del que se liberaron a tiempo! Desafortunadamente, cuando un rayo de razón ilumina nuestro cerebro, oscurecidos por el desánimo, lo dejamos escapar, como si fuera un relámpago que nos sorprendió, perdidos, en una noche de terrible tormenta.

En el resplandor de ese relámpago se ve el paisaje negro y desolado, lleno de precipicios y torrentes furiosos; pero no intentamos orientarnos, para no perdernos, caernos o quedar envueltos en los torrentes.

La luz nos deslumbró, y nuestra razón no supo aprovecharla a tiempo para orientarnos. Y allí volvimos a caminar, a ciegas, llenos de sufrimiento y desesperación, maldiciendo todo, añorando el fin del viaje y blasfemando a los que enviaron la oscuridad, el viento y el agua, y a nosotros mismos, porque, al no haber podido adivinar la tormenta, a tiempo de impedir el viaje, nos sentimos dominados y acosados por ella. ¿Quién hay que, después de una noche tan tormentosa, que casi creía que no tendría fin, o, al menos, en la que esperaba no terminar su vida, no se reiría, al ver surgir la mañana apacible y luminosa, de terrores y ¿le preocupa sentirse atrapado durante ese tiempo?

Los recuerdos de estos eternos momentos de desesperación siguen siendo hechos imborrables en su memoria, y son un motivo perenne para alabar interiormente su valentía, si fue por la lucha que se les escapó; su sabiduría se pierde por la prudencia; de vuestra fe, se debió a su paciencia al esperar que pasara la tormenta; y servir para citar como ejemplo y consejo a quienes se encuentran en trances similares.

El suicida es el desventurado que, sorprendido por la tormenta, queda desconcertado y desesperado por el final, prefiriendo dejarse arrastrar hacia la espesura en la que se precipita voluntariamente, intentando ser aplastado.

Para éste no amanece la mañana, que pronto llegará; y no amanece, no porque no llegue, inmutable, serena y clara; sino porque no supo encontrar el valor para esperar, y olvidó que ella vendría, inevitablemente, a pesar de todo.

Un poco más de constancia y firmeza, y la luz de Dios, el bálsamo más suave de tanto dolor casi infinito, vendría a vencer las tinieblas y los terrores apocalípticos que asolaban su imaginación, haciéndoles ver monstruos fabulosos en las cosas donde la luz legaba. Vemos árboles llenos de flores y frutos, rocas lavadas y claras, asentadas sobre sus eternos troncos de granito, que los siglos han construido, y solo los siglos derribarán.

Yo era uno de esos, y me hubiera sido muy fácil ser uno de los primeros.

Mi débil espíritu; sin embargo, sentía que no tenía el aliento para prolongar la resistencia.

La tristeza, rasgo natural de mi organismo, fue desmoronando poco a poco el pedestal de energía en el que se basaban mi razón y mi voluntad.

Cada nueva decepción creaba un eslabón de la cadena infernal que me encadenaba al dolor y me empujaba al suicidio.

Finalmente, ya no le faltaban motivos externos; los inventé yo mismo, en un deseo desesperado de torturarme.

La tristeza en la que me vi envuelto no me hizo enojar; más bien me hizo resignarme al destino, a la muerte. Y de ahí ese eterno aspecto melancólico y pasivo, que me valió la consideración de santo.

En mi conciencia no protesto contra esa consideración, porque había algo real en ella que me ayudó a tiempo.

Nunca supe cómo protestar o maldecir.

Sentí que me moría en la muerte de las ilusiones y esperanzas que tenía, como todo el mundo tiene en la infancia. Parecía como si un destino invencible pesara sobre mi organismo moral, aplastándome, sin esperanza de alivio; pero todo esto no me llevó a la ira ni a la blasfemia.

Interiormente me sentí bien que Dios existiera.

Que no pude haber nacido solo para ser víctima del sufrimiento atroz en el que fui desgarrado; y que algo más de lo que los hombres sabían existía más allá de este mundo, donde se suponía que yo era un hijastro.

Esta creencia trastornó aun más mi razón, pues no entendía cómo sufría tanto sin encontrar en mí mismo justificación para ello; y, sin ninguna idea blasfema ni irreverente, en los largos momentos de meditación, me asombraba que el Dios en quien creía, y que creía en la bondad, la justicia y el amor, me dejaba solo, entregado a mi desesperación y angustia, sin acudiendo en mi ayuda, reviviendo las esperanzas que caían, fortaleciendo o reponiendo la salud que iba desapareciendo.

¡Y quería, en mi cerebro finito, que mide unos centímetros y pesa unos gramos, comprender y juzgar lo infinito, lo inconmensurable!

El hecho de no haber encontrado nunca la solución más racional a este problema no me desanimó, dando a mi íntima creencia espiritual, tanto más mística y serena cuanto más me acercaba al fin, que la tentación había previsto, de mi deseo de libertad; pero me iba acercando a este final, no estoy seguro si era por el deseo de conocer el "después", o por el deseo de ponerle fin, confiando en que la vida que esperaba ver emergería, me compensaría.

Mientras me relajaba en la resistencia, me familiaricé con la idea de la muerte; y esta familiaridad me llevó a encontrar natural que, si ella no venía a buscarme, yo iría a buscarla.

Algunas repercusiones del miedo a las consecuencias, que a veces hacían temblar mi conciencia, iban desapareciendo, o al menos perdiendo valor, por el hábito de sentirlas.

No entendí, lo confieso, estas refutaciones, frente a la esperanza sonriente, la única que tenía, de la liberación mediante la muerte; cómo, a veces, también me encontraba, sin ninguna razón importante, en graves apuros en un gran deseo de morir y una intención deliberada de suicidarme.

¡Esta sorpresa y este descubrimiento lanzaron, sin que yo lo supiera, los destellos que yo despreciaba!

Me pareció extraño que esto sucediera en momentos en que tenía que confesar que estaba más libre de motivos reales de sufrimiento; cómo me resultaba igualmente extraño que, en las ocasiones más tortuosas, y cuando el suicidio debía llegar como el máximo liberador, era cuando sentía más inflamados los sobresaltos de horror causados por ese suicidio.

En mi afán de explicarlo todo, busqué inmediatamente las razones de estos hechos; y me conformé con reconocer que, en el primer caso, debía ser mi dolor el que me despertaba de un sueño temporal y distraído; y, en el segundo, era el instinto de conservación reaccionando contra la idea de muerte.

Siempre busqué la causa de todo, exclusivamente en mí mismo.

Mi educación positiva, mi forma de ser, creada por mí mismo, reaccionó contra la idea, posible y defendida por otros, que algo pudiera venir de fuera e influirnos. Si hubiera podido o debido haber llegado, habría llegado inevitablemente la ayuda de Dios, tantas veces solicitada para beneficiarme, en momentos en los que me sentía libre de culpa y casi creaba mi martirio sin razón.

Dado que esta ayuda no provino de la única fuente que tenía el poder de ministrar, nada más podía servir como agente externo para desencadenar nuestros sentimientos íntimos.

Éste fue el argumento último con el que mi positivismo adquirido y sistemático superó sentimentalismos y creencias muy modestas, nacidas y provenientes de mi infancia, y atesoradas en mi triste idiosincrasia.

Por lo tanto, mal equipado para resistir, tuve que caer, como lo hice.

Mi concentración natural aumentó en mí las causas apreciables del disgusto e impidió que quienes me rodeaban influyeran en su destrucción.

Traté de ocultar mi designio a todos, como un avaro busca esconder su tesoro.

¡Tenía miedo que me llevaran por persuasión!

Si bien hubiera deseado que la persuasión y la lógica destruyeran mi plan de suicidio, no lo tomé lo suficientemente en serio, ni lo sentí tan cerca como para poder o deber expresarle a alguien un propósito tan reprensible e irrazonable; Cuando lo tomé lo suficientemente en serio como para considerarlo como algo deliberado, esta misma deliberación me impidió poder expresarlo, por miedo a ser obstaculizado.

¡Era sentirme bien en el maldito torrente que me llevaría al acantilado, en lugar de luchar por mi vida, aferrándome a las ramas, en la angustia desesperada que lleva a un náufrago a agarrarse a una navaja si se la dan!

Derrotado, aniquilado, vencido por una cobardía extrema, cedí. ¡Y a veces dicen que el suicidio no es cobardía!

¿Qué hacen las personas que se suicidan?

Huyen. ¿Quién es el que huye? Un cobarde.

Y que no se diga que para buscar la muerte se necesita valentía. No. La muerte, que se busca mediante el suicidio, no es muerte, es la liberación de un sufrimiento que nos tortura y al que no tenemos fuerzas para resistir; es un escape de una lucha que no sabemos que somos superiores o que no tenemos la energía para sostener.

El suicida no busca la muerte a sangre fría, para entregarse a ella; lo busca como un bien; lo busca como un refugio, un placer.

No le temas, disfrútalo. Es el lugar donde supones esconderte de un enemigo que te persigue, y contra el cual no te sientes digno de luchar; es el lugar roto y desprotegido donde se supone que se debe escapar de un lugar que se considera un encarcelamiento intolerable. En tu acción no hay un átomo de valor; existe el egoísmo más reprobable; el abandono de su posición en la batalla; el olvido de los sentimientos de orgullo que deberían haberlo animado en la solidaridad de vida con los demás, y el desprecio de los sentimientos de interés que esa misma solidaridad llevó a otros a prodigarle. Es una completa deserción moral y material. Es la confesión absoluta y eterna de su cobardía, de su ineptitud, de su pusilanimidad y de su falta de respeto a Dios, que le dio esta vida, y a todas las nociones de pudor y de valentía, lo que debe llevarle a conservar intacto un depósito que le hicieron a él, y guardar el lugar que le habían designado.

¡Suprema debilidad, suprema cobardía!

Cedí a esta cobardía. Tengo que expiarlo.

Comprendí, tarde entonces, el porqué de los debates de conciencia contra el suicidio, y de aquellos soliloquios fúnebres en los que me sorprendía, alabando la idea del suicidio, como presagiando el placer que me llegaría con la muerte.

Es que la tentación demoníaca de la leyenda no es una palabra vacía, ni la protección del ángel de la guarda es una ficción de viejos santos y dogmas religiosos.

El demonio de la tentación puede que no sea la figura legendaria de la Edad Media, sino criaturas perversas, hijas de Dios como tú y como yo, viviendo en el mal y agentes del mal, que vienen a probar nuestra constancia, nuestra firmeza, nuestra fe; y los llamados ángeles guardianes, esos santos individuos que supieron resistir la tentación, aceptar la adversidad y practicar y amar el bien, que cuando nos ven fracasar, caer al abismo, tratan de advertirnos o sostenernos en el abismo sin caer...

¡Oh! Si supieran el precio que pagamos por la liberación, por el suicidio, ¡nadie se suicidaría!

¡Los mayores martirios de la Tierra son dulces consuelos comparados con los sufrimientos más leves de un suicidio!

¿Y es porque Dios castiga? No; Es porque tiene que ser así.

Es la ley. Es fatal, como lo es la ley de hacer girar la Tierra sobre su eje y las estrellas en su órbita.

Este sufrimiento no es ciego ni igualitario. Es armonioso, equitativo, justo, así como todo lo que obedece a la ley inmutable del universo, que Dios estableció con su voluntad y perfección, es justo, equitativo y armonioso.

¡Y nosotros, allá en la Tierra, queremos apreciar con nuestra inteligencia microscópica la grandeza del Infinito!

¡Es querer iluminar el mundo, en la oscuridad de una noche, con la luz de una lámpara!

¿Tú o alguien más evalúa qué es el Infinito?

Si evalúas, habrás apreciado a Dios y su obra."

La siguiente comunicación es de Joaquim Mousinho d'Albuquerque, y se encuentra en el tomo 1 de "*Del País de la Luz*", cap. XXXIV.[2]

No es solo un grito ahogado de dolor y desesperación, sino también un consejo sereno y reflexivo de alguien que ha sufrido mucho y aprendido a sufrir en su vida. Es el valiente Mousinho, el comandante de las tropas triunfantes de Chaimite, en África, quien dirá sobre el suicidio.

Comunicación de Mousinho D'Albuquerque

(28 de noviembre de 1906)

"Quien promete constituye deuda. Prometí que también te daría una comunicación. También me constituí en tu deudor. Pagaré para no acumular esta fracción en mi deuda. Si no te soluciono lo que te No puedo, tendrás una excusa; ahora que eso me vuelve insolvente incluso en aquello que me resulta tan fácil y aun tan placentero de satisfacer, nada me excusará.

Entre los muchos temas que compiten por mi atención, quiero elegir uno que tenga algo útil y productivo.

---

[2] El libro "Del País de la Luz" es una publicación de la FEB.

Banal es todo lo que sucede en el mundo y con quienes aun están en él, de modo que quienes ya no forman parte de él vienen con banalidades y bagatelas.

La emancipación a través de la muerte nos abre vastos e infinitos horizontes nuevos, al mismo tiempo que limita, e incluso cierra, puntos de vista que asumíamos como de infinita inmensidad y absoluta grandeza. Es solo que nuestra forma de ver la Tierra es todo lo más falso y convencional.

No tenemos ideas absolutas. Todo son cosas relativas y pequeñas.

Todo es fantástico, como las vistas desde un teatro. Vistos desde lejos, parecen castillos, jardines, mares infinitos, palacios encantados, dándonos una sensación de asombro y verdad.

Examinados, palpados de cerca, nos llenan de desolación y tristeza, sabiendo que todos son miserables lienzos de papel o arpillera emborronados con pintura tosca.

Yo era uno de los locos, de los visionarios, que se dejaban deslumbrar por demasiada luz de ambición y gloria, provocando la fantástica ilusión de un espejismo.

Me desorientó y me quedé ciego.

Todo lo que me rodeaba, todo lo que veía y oía, todo lo que soñaba y aspiraba era ilusorio y falso, como oropel de historias; y yo... ¡ay! Tomé todo como verdadero y de valor real.

Cuando creía despertar del delicioso sueño en el que me arrullaban mi orgullo y mi vanidad, me sentí pequeño y perdido.

Entonces todo mi ser se rebeló.

Encontré la risa de mujer en la que supuse fermentaba el amor; me pareció banal el honor y la recompensa que distinguían el acto de la locura generosa que me hizo famoso; descubrí que era falsa la amistad de quienes me tendían los brazos y alababan mi valor; reconocí la envidia y la intriga contra mí de quienes, aparentemente, me halagaban; y vi la fragilidad del apoyo, que pensé sólido y eterno, para los momentos dolorosos de la tormenta, que ya había comenzado a desplegarse.

Y dentro de mí sentí una gran oleada de aburrimiento de la vida y de todo lo que la compone. Aburrimiento y pavor.

Al mismo tiempo que me aburría, me angustiaba ver caer a mi alrededor todo lo que me seducía, todo lo que amaba, todo lo que suponía que me debía por derecho de conquista y por derecho de fuerza.

Yo, que no temblé, cuando en el Kraal de Gungunhana vi miles de guerreros, a quienes una ola haría caer sobre mí y mis queridos compañeros de gloria o muerte; yo, que nunca supe lo que era el miedo ante los fusiles y las azagayas en las "mangas" de los guerreros africanos, me sentí cobarde y débil para agarrarme al suelo resbaladizo y falso, ricamente alfombrado, por el que caminaba, y enfrentarme las frases dudosas, las sonrisas equívocas, las expresiones misteriosas y significativamente desdeñosas de quienes antes eran vulgares aduladores o, quién sabe, sinceros y amistosos admiradores míos.

Quería huir. Los celos, la envidia, la debilidad me torturaron. ¡Mi cerebro, a pesar de mi aparente serenidad, era un infierno! En cada momento surgía un expediente, un proyecto, que pronto era abandonado y sustituido por otro ineficaz como éste.

Pensé en todos, probé a todos, para evitar la deserción final por muerte voluntaria.

Ninguno; sin embargo, me pareció más digno y más fuerte. Vi que mi ocaso se acercaba rápidamente y no sentí que tuviera fuerzas para afrontar mi derrota con sangre fría y coraje.

La audacia que había sido mi estrella durante mucho tiempo había desaparecido. Estaba asustada como una niña.

Mi colosal orgullo me señaló la Roca Tarpeya sobre la que iba a caer el Capitolio; y todas las fuerzas que me quedaban, juntas, alcanzaron justo la cantidad de energía necesaria para resolver lógicamente una situación que era angustiosa para mí, y que estaba siendo embarazosa, y tal vez extremadamente embarazosa, para alguien más.

En mi partida repentina del mundo, liberándome de un sufrimiento que se estaba volviendo intolerable, presté también un servicio a aquellas personas que, por puro agradecimiento, merecían este último servicio de mi parte.

No siempre lo vi como lo veo ahora.

Incluso después de mi muerte terrenal, fui gravemente injusto y malo con aquellos que solo merecen reconocimiento. ¡Me arrepiento de esto, especialmente ante aquellos ante quienes dije cosas muy reprobables y muy dignas de execración...![3]

¡Eran hijos del tumulto y del dolor...!

Pero, siguiendo adelante, diré que la muerte violenta me pareció una liquidación forzada y única para pasar a la inactividad absoluta.

En el fondo no creía en la supervivencia de la muerte, de ninguna parte de mi ser.

Importa, solo importa, supuse; y la materia volvería con unos gramos de plomo por mi cerebro.

Puse en práctica este plan final de ataque; y, para bien o para mal, una vez más el éxito coronó mi acción. ¡Auge! Un disparo y la última página del libro de mi vida se cerraría.

¡Error supremo! Esa página simplemente pasó; y, en la página siguiente, ¡estaban las cosas más espantosas que

---

[3] Alusión a cosas que, por otros médiums, dijo en presencia de mucha gente. (Nota del médium Fernando de Lacerda.)

ninguna imaginación podría concebir! Y yo, que quería desertar del combate, me iba a encontrar en medio del campo enemigo, lleno de mutilaciones y sufrimientos horribles.

Cuando pensaba que el descanso me esperaba, la muerte me trajo el martirio indecible de la prolongación de la vida, ¡en su manifestación más atormentadora!

El remordimiento más terrible se apoderó de mí; y parece que todos los tormentos morales, consecuencia de una vida de orgullo, vanidad, desorden y negación interior, vinieron, como demonios fabulosos, a gritar permanentemente, en mis malditos recuerdos, la inanidad de mi voluntad, la ineficacia de mi acción; el error de mi incredulidad y la locura de mi suicidio, al mismo tiempo que la sensación del dolor físico de la hora extrema era aterradora, persistente en mi cerebro, como si la bala que lo había atravesado nunca terminara su destructivo y terrible trayectoria.

Entonces yo, que quería escapar por la deserción de la muerte, del campo de batalla, donde me sentía derrotado, entré aterrorizado en un campo fabuloso de desesperación, completamente inesperado para mí; y en mi ser, que sentía uno, íntegro y perfecto, se arremolinaban todos los dolores morales que me habían conducido a aquel acto de completa locura, agravados por el remordimiento por el pasado, con la aflicción por lo desconocido que veía abrirse ante mí.

El remordimiento por el pasado, del que creía alejarme y que, mientras tanto, seguía quemándome con un hierro al rojo vivo; aflicción por lo que mi juicio nublado nubló mi futuro.

Todos estos tormentos se veían exquisitamente acrecentados por el hecho absolutamente inconcebible que seguía sintiendo todos los sentimientos, absolutamente todos, que la locura y la perversión habían anidado en mi corazón en vida; y ahora, sin la más mínima sombra de esperanza en la misericordia y el perdón de quien quisiera o pudiera ofender, o hubiera ofendido.

Y muerto vi el revuelo que causó mi muerte.

Me dio la impresión material de un eco, infinitamente ampliado, que hacía eco de la detonación del disparo que aniquilaría mi vida carnal.

Extraño, perdido, aprovechando una ligereza y una velocidad indescriptibles y desconocidas, corrió por diversos lugares, presentándose ante mí, gritando angustiado:

– Estoy vivo y sufro; ¡perdón, perdón!

Pero nadie me escuchó y creo que nadie me vio. ¡La aflicción no podría ser mayor ni más infernal!

¡Me sentí perdido para siempre!

Criaturas piadosas intentaron calmarme, llamarme a la razón y al arrepentimiento.

Entonces blasfemé como un loco.

Maldije a todos. Llené de horribles plagas a aquellos a quienes mi furia insensata atribuyó el suicidio, que me perdió sin remedio. No sabía o quería ignorar que el único culpable era yo, exclusivamente yo. Me había dejado dominar por el orgullo y la vanidad, obedeciendo ciega y pasivamente a todas las sugerencias que imprimían en mi cerebro naturalmente frívolo e impresionable.

No había tenido la fe y la paciencia de los justos, que le permitirían afrontar con resignación todos los accidentes que podrían haber ocurrido, pero que probablemente nunca habrían ocurrido; y, por eso, sintiéndome débil, en la convicción interior de la aniquilación, preferí arrojarme ciegamente en la garganta oscura de la muerte, de manera tan trágica y romántica, como rasgo final y más acentuado de mi personalidad terrena.

Vi y sentí todo esto; todo esto aparecía y desaparecía constantemente ante mi juicio y mi mirada atónita, mientras la bala atravesaba mi cerebro dolorosamente, sin cesar, sin desmayar, sin suspender la hostilidad y el martirio.

Para mí no había ninguna esperanza de perdón, ningún consuelo posible.

Así pasé eternidades, hasta que la Divina Misericordia se complació en hacer entrar la luz del arrepentimiento y de la resignación en mi alma denigrada; y la calma, la tranquilidad, entró en mí como la luz entrando en una habitación oscura, filtrada por un intersticio mal sellado.

Y en el momento que les hablo de Mousinho, el "gran" Mousinho, ya no es el último de los que sufren.

Es una criatura resignada y humilde, sinceramente arrepentida; casi curado del daño corrosivo causado por los malos sentimientos que lo aplaudió en la Tierra, y se curó por completo de la herida que le dejó la maldita bala, terrible y permanente.

Serenamente te hablo, querido amigo, a quien ni siquiera de vista vi en la Tierra; te hablo con calma y sabes la verdad que es lo que te digo.

Esta serenidad, después de tan prodigioso sufrimiento, y aun más prodigiosamente y milagrosamente aliviada de lo que se merecía, me permite decir a cada cerebro en el que todavía quepa un rayo de reflexión:

– Cuidado con el orgullo. Hace amar la vanidad, la adulación y la maldad; hace suponer a un pigmeo que es un titán fabuloso; y, después de haber llevado allí la vida humana por caminos llenos de espinas y amarguras, la arroja al infierno, y muchas veces a través de la última y más atormentadora puerta de ese terrible recurso de Achem-Muerte: la del suicidio.

Peor que el suicidio, fríamente meditado como una huida cobarde, solo hay una cosa – el suicidio meditado fríamente como una huida cobarde. Es posible que haya otros que lo igualen en la escala del mal y del sufrimiento; es posible; pero contra este que conozco bien y que me perdió, quiero poner a la defensiva a quien tenga ojos para ver y alma para sentir, y pueda pre-intuir cuánta verdad y cuánto dolor hay en lo que digo. Abre bien los ojos, como dicen en la obra de Julio Verne; ¡abre bien los ojos!

Dudas sobre si deberías publicar esto. Es mi deseo que se publique. Los que creen que es mío tendrán compasión de mí.

Los que no creen dirán:

- Bien podría haber sido suyo... Y basta.

Es la duda en estos espíritus; es el intersticio, apenas sellado, que permitirá que la luz posible entre en las tinieblas de sus almas."

COMENTARIOS Y CONSIDERACIONES SOBRE LAS COMUNICACIONES TRANSCRITAS

La publicación de las dos comunicaciones de Antero de Quental y Mousinho d'Albuquerque, realizadas en el tono doloroso de quien disfruta del dolor muy punzante, resalta, en su extraña dureza, la lección y el ejemplo. Antero de Quental, espíritu de filósofo y poeta, se embarcó en el camino de la ciencia positiva buscando a Dios, y no encontrándolo, encontrando en su alma el vacío atormentador de la incredulidad, de la desesperanza; inconsciente de las bellezas de la vida; abrumado por la amargura, crucificado por la duda, atormentado por la tristeza, cansado del peso aplastante que la vida representaba para su espíritu enfermo, comenzó a encontrar en la muerte, "la diosa de la libertad, que buscaba la resolución", como dice en un soneto publicado recientemente.

Él, el soñador de la tristeza, el bardo de la filosofía, le dice a esta diosa oscura de sus aspiraciones:

- Vi en ti la esperanza que sonreía Mi vida triste y problemática, Como un viajero al final del día.

Sonríe, ya que es el final del viaje:

Y con tu mano fría creo para entrar en la paz, o para entrar en la nada.

Y con qué profundo dolor dice en otro soneto:

- ¡Pero qué equivocado estaba! ¡No me diste el resto que tanto querías! ¡Ofreciste una nueva forma de sufrimiento! Me tiraste la nueva gemonia, ¡donde en lugar de la luz que me encendiste, solo encontré la noche, que no tiene día!"

Es otro grito de su alma desilusionada y arrepentida.

Y el hombre amargado, que buscó la paz o la Nada en la muerte, solo encontró la noche del sufrimiento, que en su angustia supone eterna.

¿Y a cuántos alucinados les pasará lo mismo?

Mousinho, el héroe de leyenda, el temerario, que desdeñaba la muerte cuando le amenazaba en las miradas salvajes de los guerreros africanos, la buscó como amiga, arrojándose en sus brazos del silencio, suponiendo encontrar en el velo negro con el que ella se envolvía la paz que su orgullo le había robado en vida.

Él, el novio de Glória, al ver que sus sueños de ambición y locura audaz iban a tener un triste despertar, no sintió tener el valor de afrontar el dorado, y tal vez deprimente, ostracismo que su falta de adaptación a la vida de la Corte, a las draconianas exigencias de la etiqueta, y quién sabe si dentro de los honestos límites de su campo natural de acción o afectividad iban a votar.

Al no poseer la fe que salva, la resignación que consuela, el conocimiento de principios morales o religiosos que lo sostengan en su caída, y lo fortalezcan en el propósito de ser superior a las vicisitudes transitorias de la vida, prefirió, en un gesto romántico , como él dice, lanzándose a la garganta de la muerte, en busca del olvido, envuelto en el aniquilamiento de la existencia.

Qué horror debió haber en su alma intrépida, cuando reconoció el error, cuando vio que el disparo que detuvo su vida terrenal, también lo ahuyentó, en un vuelo infinito, que ya no volvería a las falaces ilusiones que tenía. sobre la muerte. !

Y el infortunado, mientras en la Tierra entró en la Historia, como un guerrero legendario, entró en el espacio en el círculo trágico de los dolores que se imaginan sin fin.

Toda su vida transcurrió atormentada ante su mirada temerosa; todas las cosas de las que había pretendido escapar se derrumbaron sobre él, como una avalancha infernal; y, a medida que aumentaban estos tormentos, giraban sobre el potro del remordimiento, éste padecía la miserable sensación de la bala atravesando permanentemente su cerebro, y "¡sin terminación, sin desmayo, sin suspensión de la hostilidad y del martirio!"

¡Esto no es dantesco, porque Dante no supo describir un tormento semejante!

Cuando hablé con él por primera vez, ¡me invadió un miedo y una tristeza indescriptible! El gran hijo de mi patria, orgullo de mi raza, ídolo de mi alma patriótica, se me apareció gritando de furia, blasfemando contra Dios, que se suponía era el verdugo; ¡insultando a personas que en esta vida fueron adoradas por sus más ardientes afectos!

¡Estaba loco, con momentos de lucidez en su agonía!

Mucho cariño, muchas súplicas tiernas y de consuelo y... ¿por qué no decirlo? Muchas lágrimas abrasadoras de fuego y de dolor, usé, a veces en un círculo de almas abnegadas, devotas del bien, que con todo su amor de creyentes apoyaron mi acción; orar solo, en catequesis interminable, para traer la luz redentora del arrepentimiento a la oscuridad cerrada de esa alma; hasta que Dios permitió que llegara la claridad y fue liberado de las torturas que lo desgarraban.

Cayó del pedestal olímpico de su orgullo al campo oscuro de la desesperación, y de allí salió por la humilde puerta de la penitencia a la tranquila paz de los redimidos.

Redimidos por el arrepentimiento, redimidos por la humildad, redimidos por la regeneración.

Y, después, empezó a trabajar para los demás, para borrar por completo, de las páginas oscuras y vigilantes de su memoria, todos los surcos corrosivos de sentimientos groseros y malvados que habitaban en su alma.

Del ejemplo de Mousinho se puede aprender una doble lección. Una, la lección general, es que la muerte voluntaria no es la salida por la que quien quiera puede escapar del sufrimiento, consecuencia fatal de sus acciones o intenciones.

Y no solo no podrá escapar, sino que aumentará el mal del que ingenuamente cree estar libre.

El otro destaca, en su comunicación, de forma indirecta, pero no menos ejemplar y apreciable.

Mousinho era un hombre y un soldado.

Como hombre tenía los defectos naturales de los hombres que no rehúyen los placeres de la vida y no se curan de las morigerantes exigencias de la virtud.

Como soldado, era un guerrero; como guerrero, era duro, violento y quizás cruel en ocasiones.

Mató y provocó que mataran a la gente. Destruyó vidas que, por pertenecer a aborígenes africanos, todavía tenían tanto derecho a existir como las de otros hombres.

Sembró horrores, sembró desolación. Quemó, aniquiló. Pasó como un ciclón, como lo hacen los héroes conquistadores.

Porque en su comunicación no destaca el más mínimo arrepentimiento, el más mínimo atisbo de sufrimiento por ello. Se queja de orgullo y vanidad. Maldito suicidio.

Su muerte, por voluntad propia, le dio el martirio que sufrió; mientras que todos los demás no lo acribillaron con las espinas del remordimiento.

Esto revela dos corolarios:

- En primer lugar, que, ante la ley de Dios, es más grave quitarse la propia vida, con la intención reprobable de escapar a las consecuencias de la propia responsabilidad, que quitar la vida ajena, sin la intención deliberada de hacer el mal por demonio.

- En segundo lugar, que las responsabilidades pesan sobre nosotros por la intención de los actos que realizamos, y no por las consecuencias de esos actos.

Además de Antero y Mousinho, muchas otras víctimas de suicidio han expresado temores sobre su situación.

Camilo, el gran e inolvidable escritor portugués, en todas sus comunicaciones publicadas en los volúmenes "*Del País de la Luz*", destaca, a modo de estribillo lúgubre de una conmovedora marcha fúnebre, su dolorosa queja por la desgracia que culminó todas sus desgracias, buscada por él en auto homicidio.

Cada uno constituye un grito de angustia, al mismo tiempo que una súplica angustiosa a Silva Pinto, otro talento que estuvo al borde del suicidio y que se vio queriendo arrojarse al mismo infierno para poder salvarse.

- ¡Sálvate! – Dijo Camilo – ¡Sálvate! porque a tus pies está el abismo aterrador, donde tu cuerpo, al caer, puede fragmentarse en insignificantes astillas, y en cada astilla pueden condensarse en un dolor todos aquellos que a lo largo de tu vida han aplastado y aplastado terriblemente.

¡Da un paso atrás amigo, da un paso atrás y Dios te extenderá su mano! Retroceder será avanzar hacia la luz; avanzar significará caer en la oscuridad. ¡Y qué oscuridad, Dios mío, qué oscuridad!

¡Y, por la misericordia de Dios, Silva Pinto se salvó! No se suicidó; y, más que eso – ¡negó todas sus ideas negativas y se hizo creyente!

Es el propio Silva Pinto quien narra, con el encanto de su estilo original, la instructiva historia de la situación agonizante en la que se encontró y de la que salió de manera totalmente providencial, más allá de su imaginación, mostrándole, de manera indirecta, manera, pero elocuentemente, que en los designios insondables del destino de las criaturas hay un poder capaz de resolver los problemas más intrincados de la vida humana.

- Necesitaba para el día siguiente la cantidad de dos contos de réis, y ni siquiera tenía doscientos réis en mi poder. Ni siquiera tenía dónde buscarlos. Desde hacía mucho tiempo veía acercarse la fecha límite en la que necesitaba absolutamente esa cantidad, y no encontraba ningún recurso para obtenerla.

Los pocos amigos a los que podía recurrir eran tan sinvergüenzas como yo. Los ricos que conocía no eran capaces de prestarme ni dos dólares. Y él les dio la razón. Un desgraciado como yo nunca podría devolverles el dinero. Pero necesitaba el dinero. Recordé todos los expedientes y no pude encontrar uno razonable que funcionara para mí. Razonable o no. No encontré ninguno.

A medida que se acercaba el momento en que necesitaba dinero, mi desánimo aumentaba.

Ya no me enojó; ya no pensaba con envidia en la burguesía rica, en los tenderos brutales, en los usureros, en los sinvergüenzas, que tenían las arcas llenas y tenían crédito gratuito en los bancos.

Estas envidias, estas exasperaciones, estos enojos, pertenecen al comienzo de nuestras aflicciones. Luego, a medida que aumenta la angustia, estos sentimientos de debilidad desaparecen, aplastados por la impotencia de la desesperación para remediar el mal. Y entonces, lentamente, pesado como un carrito, llega el desánimo.

Aplasta todo, nivela todo.

No hay nervios, no hay protestas, no hay insultos, no hay envidias, no hay blasfemias. Pasa, gira, pisotea, aplasta, nivela.

Y es solo él y nosotros debajo de él. No hay más peleas.

No hay más coraje. El cerebro se cierra pesadamente; caen los brazos. Ya no pensamos, ya no nos movemos.

¿Para qué? Las dificultades eran grandes, nos rodeaban, nos azotaban con energía, nos reducían a una bestia cansada e inerte. Había llegado al punto solemne en el que perdimos la conciencia de nuestro ser. He llegado al momento en que el hombre honorable se convierte conscientemente en ladrón o se suicida. Convertirse en ladrón todavía depende de la audacia y la oportunidad. No le robes a quien quieras. Es fundamental que tengas estilo, audacia y oportunidad.

El ladrón tendrá que ser honesto si no tiene dónde robar.

Ahora no sé si podría ser un ladrón en ese momento de mi vida. Incluso si pudiera, no sabía dónde podría estar. Y luego, dos contos de réis, si no pude encontrar a nadie a quien prestarlos, tampoco pude encontrar a nadie a quien robárselos. ¡Había dos contos de réis!

¡Nunca había conocido tan bien el valor del dinero! ¡Pero necesitaba ambas historias! Agotado, derrotado, dejé de pensar en conseguirlos. Me acosté pensando cómo salir del apuro.

Sinceramente, lógicamente, solo había una salida: suicidarme. Pero tú y Camilo ya habían venido a meterse en mi vida.

Mi cerebro, que ya no podía encontrar soluciones para vivir, encontró fértilmente soluciones para morir.

Y llegaron rápido, frescos, nuevos. ¿Ven? La bestia humana, cuando está cansada, es estúpida o no está dispuesta a hacer el bien, todavía desarrolla enormes cantidades de energía para el mal. Por esta razón, nunca estás agotado. Es una fuente perenne. Por eso vemos criaturas inútiles para cualquier cosa útil, incapaces de hacer el más mínimo acto de bien, pero haciendo daño a todos.

Bueno, yo no fui una excepción a la regla. Fue decidido. Me mataría.

Y, de repente, las palabras que habías puesto ante mis ojos me dieron retroalimentación.

Comentarios dolorosos, comentarios conmovedores. Escuché y pensé: ¿Es verdad? ¿Seguiré sufriendo más de lo que he sufrido en esta maldita vida?

Y escuché a Camilo, escuché a Antero, escuché a Mousinho, a través de su libro, clamando que no me matara.

Pero les respondí exasperado, gritando, levantando los puños cerrados en el aire, como si quisiera darles un puñetazo por la impertinencia de sus advertencias.

– ¿Qué tengo que hacer? Tú, que gritas que no me mate, dame dos contos de réis, que es el precio de mi vida. Dime donde ir a conseguirlos. No es solo decir: vive. Es esencial decir cómo. Si quieres que resista, ayúdame a resistir. No me des consejos, dame dinero. Si no puedes, déjame.

Y, de hecho, me pareció que me dejaban. En mi imaginación febril, tuve la desolada impresión que me habían dejado solo, que alguien se alejaba lentamente de mi lado, angustiado y lloroso, con la cabeza gacha, como entregando al destino la presa que en vano competía por él. Sentí que mi conciencia se calmaba y se acurrucaba, como una humilde podenga a la que amenazaba.

Me animé. Fue decidido. Iba a liquidar. No sería un acuerdo muy del agrado de mis acreedores, pero les estaba dando lo que tenía: mi vida y, con ella, la certeza de no hacerles más daño. Esta certeza es algo. Asegúrate de haberte perdido solo la primera parte y que no hay riesgo de perderte ninguna otra.

Iba a darles esa certeza a mis acreedores y me parecía que todavía estarían a mi merced.

Quedaba por ver cómo se manejaría el caso. Bueno, en mi casa no.

No quería darle a mi familia la vergüenza ni el asco de verme tendido y en agonía, como un perro ingiriendo estricnina. Para el dolor, bastaba el dolor que les legó con la miseria. Porque, amigo mío, no hay dolor mayor que la miseria.

Ella es la madre de todos ellos, créeme.

Todos los demás dolores son punzantes. El que corta profundamente, el que apuñala el corazón, atravesándolo venenosamente, es el dolor de la miseria. Miseria material o miseria moral, pero miseria.

Ahora bien, si no quería dar un espectáculo ante mi propia gente, tampoco quería hacerlo ante los extraños.

Porque la agonía de un desdichado es siempre un espectáculo.

No quiero la consideración inconsciente de la gente común, ni las lágrimas de los desconocidos, ya que estoy seguro que tampoco quiero las lágrimas de los conocidos. Mira esta tontería; yo, que sabía que no los tenía de mis amigos, rechacé los que sentía que tendría de aquellos que me eran indiferentes.

Sabía que el alma popular es como una gran cloaca, por donde todo fluye.

La manoseé muchas veces, y si encontré mucha ingratitud, que me mordió, muchas criaturas blancas, que después de recibir el beneficio me insultaron, si encontré mucha hipocresía y mucha duplicidad, también encontré una muchos sentimientos puros, agradecimientos inigualables, amores sencillos y buenos, lágrimas puras, que me hicieron olvidar y perdonar todas esas cosas malas que a lo largo de mi vida se vinieron abajo como piedras.

Entonces, decidí fríamente que el suicidio se llevaría a cabo en un lugar escondido, para evitar la posible intervención de alguien, cualquier ayuda molesta, o la posibilidad de ver las etapas trágicamente ridículas por las que tendría que pasar, enfrentando la muerte. De vez en cuando, mi conciencia murmuraba cosas, como un perro amistoso que gruñe quejándose de mi destripabilidad.

Me pareció que me recordaba amenazas futuras; y contemporicé. O existía Dios o no existía. Si no existía, la historia se acababa, y sus muertos, mi amigo, sus amenazas, sus cartas, mis miedos, los lamentos de mi conciencia, eran tonterías para dormir a los niños. Si Él existiera, sería de tal bondad, de tal justicia, de tal grandeza, que me entendería y me absolvería.

Él sabría, mejor que yo, cuánto había sufrido y hasta qué límites incalculables había llevado mi paciencia y mi resistencia en defensa de la vida que iba a devolverle, como algo ya inútil y sin valor.

Por supuesto, ya no tendría que torturarme más.

Contra la hipótesis bărbara de mi tortura, protesté por la idea que empezaba a tener de Dios. Si él supiera todo en el mundo, no podría castigarme por un posible delito, que solo cometió en casos extremos. Y practiqué por falta de ayuda para evitarme.

Bueno, por estas razones cómodas y tranquilizadoras, elegí suicidarme por asfixia, en una habitación fuera de mi casa.

Busqué en el "Diário de Notícias" y encontré uno en la Rua Augusta. Los periódicos son algo bueno para sacarnos de problemas.

Espacio para una sola mujer, algo buena y estúpida, que me dijo que no suele quedarse en casa.

Excelente. Entregué los pocos centavos que me quedaban como señal y me fui a casa poniendo las cosas en orden para el gran viaje. Escribí, con frialdad y calma, las pocas palabras necesarias.

¡Miré en silencio, sin una lágrima, a la pobre habitación, donde había llorado lágrimas de desesperación durante tantos años, donde había pensado tanto, donde había "visto" tanto de este mundo, donde tanta decepción dolía y donde sentí tanto dolor! Le di mi última mirada, cerré la puerta y fui a despedirme de la familia.

Creo que en ese momento ya no sentí mi corazón. Había una tensión horrible en el lado izquierdo de mi cuerpo, pero "eso" ya no debería ser mi corazón. Los miré a todos durante mucho tiempo, para fijar sus queridas imágenes en mi refinamiento vidrioso. Quería verlos en el momento final e imprimir su imagen, fundamentalmente, en mi retina, para llevarlos a la tumba. Quería dejar mis últimos pensamientos a aquellos que habían llenado mi vida. No podría legarles nada más.

Salí tambaleándome.

Fui al arado de mi sacrificio. Estaba en un cuarto piso. "Cerca del cielo", murmuré con una sonrisa de la más cariñosa y cruel ironía.

Esperaba encontrar la casa sola. Eran las once de la mañana, la mujer debería haber dejado su vida hacía mucho tiempo.

Me equivoqué. La pobre estaba ahí. Entré en mi oratorio condenado y esperé. El tiempo pasó tranquilamente y la mujer se movía por la casa.

Impaciente, salí al pasillo y con voz forzada, para que pareciera serenamente curiosa:

- Entonces, ¿no vas a salir hoy?

- ¡Oh! Hoy lo dejo un poquito más tarde. Solo a las dos.

- Me han robado - pensé.

- Entonces, dijiste que siempre te ibas temprano...

- Es cierto, pero hoy no puedo... Hace mucho que esto no me pasaba.

¡Esto nunca le había pasado a él!

Estaba escrito. ¡Solo sucedería cuando necesitara que no sucediera!

Decidí salir, pasar las horas. Saldría a caminar, me despediría de la ciudad. Es una estupidez estar en una casa esperando el momento de suicidarse.

Tomé el primero eléctrico. Era el del Príncipe Real.

Fui con él. Al llegar al Patriarcal, desmonté.

Quería cruzar la plaza a pie. Hubo un tiempo en que hubo momentos de felicidad, horas de placer. Quería recordarlos. Quería volver a vivirlos en un momento en el que los iba a destruir para siempre.

Continué por la plaza, con la cabeza gacha, sumido en mis pensamientos. Repasé mi vida como en un sueño trágico y abrumador. Lo pasé todo delante de mi mente, el odio, el amor, las peleas, el hambre, la grandeza, el robo, la ingratitud, la envidia, todo.

La humanidad era un estanque donde pocas cosas se salvaban. Maldita vida, vida de miércoles, pensé.

Me llamaron a la realidad con un golpe amistoso en mi hombro:

- ¿No es usted el señor Silva Pinto?

- No tengo el honor de conocerlo...

- Pero ¿no es el señor Silva Pinto?

- Sí señor, pero ya se lo dije: no tengo el honor de conocerlo.

Y miré, duramente, a ese hombre que venía a arrebatarme el doloroso placer de evocar fríamente mi vida entera, como devolviéndomela para luego aniquilarla voluptuosamente.

Era un hombre alto, perfecto, un tipo hermoso de hombre, con su alma reflejada en la sonrisa con la que me envolvió.

- ¿Entonces no me conoces ya? Soy Alfredo, Alfredo Anjos - Y me abrió los brazos.

- ¡Oh! - Respondí.

Fue una evocación de mi vida que me habló. No lo recordaba. Lo había conocido mucho, años atrás, cuando yo no era pobre y miserable. ¡Fueron muchos años!

¡Ni siquiera sabía cuántos!

Jugó mucho en mi regazo. Lo había perdido de vista.

Él había seguido el camino que abre la riqueza, y yo había bajado por la pendiente a la que conduce la miseria. Se había ido al extranjero... Sí, era él. Pero ¿qué podría haber en común entre nosotros?

Me abrazó, me envolvió en una larga caricia.

Rápidamente pensé que la buena humanidad vendría a despedirse de mí en ese hermoso y bondadoso muchacho.

Seguimos a pie, lentamente.

Tuvo la caridad de acompañar mis pasos atáxicos y temblorosos. Dije perogrulladas que él escuchó con complaciente interés.

En cierto momento, como obedeciendo un plan, se detiene y dice:

- Ay señor Silva Pinto: No sé cómo vive usted. Perdón por mi impertinencia; pero los hombres de letras no siempre están libres de dificultades... Soy rico y le debo gratos recuerdos... Si puedo servirle en algo, estaré muy satisfecho...

Lo miré, sorprendido y aterrorizado. No dije una palabra. Él, como obedeciendo a una idea fija:

- Mira allá. Cada vez que lo necesites... Ahora, por ejemplo, tengo en casa tres contos cortos que pongo a su disposición... si lo necesitas...

Me sentí fulminado. No se me ocurrió una palabra. Las palabras son como las amigas, casi nunca se materializan en los grandes momentos. Estuve tentado de salir corriendo, y solo dije, que yo recuerde:

- Sí, lo aceptaré cuando lo necesite...

Me quedé tan atónito, como si de repente se hubiera abierto un abismo ante mis pies. Me despedí de él de manera desordenada. Bajé por Travessa da Palmeira, la casa. No podría estar en la calle. Me sofoqué. ¿Qué significaría eso? ¿Vendría el diablo a tentarme y darme otra esperanza ilusoria, o Dios quería darme los dos contos de réis?

Quizás fue la última hipótesis.

Sí, porque Él, siendo Señor de todo, no tenía sin embargo crédito en ningún banco, ni caja fuerte con dinero amontonado. No pudo enviármelo directamente, eso seguro. Podría haber elegido al único hombre, el único, en este mundo que tuviera dinero y un alma para darme...

Podría haberme sacado de la antesala de la muerte y llevarme a la plaza del Príncipe Real, sin fin aparente, al mismo tiempo que conducía allí a Anjos, y despertar en su cerebro un recuerdo repentino, y en su alma un caridad repentina para mí. Podría ser, podría ser... Era una manera...

Corrí a mi habitación. Mi esperanza le dio luz.

Lo iba a intentar. No podía vivir bajo el peso de la duda sobre la probable felicidad.

Escribí una nota que decía, un poco más o menos, esto: necesito dos contos de réis. Si puedes ayudarme, te espero a las... horas en la Praça Luís de Camões, esquina con Rua das Gáveas - si la memoria no me falla.

La envié. A la hora señalada estuve allí.

Me sentí angustiado. Mi amor por la vida volvió a mí, y me horroricé que la respuesta no llegara, o fuera simplemente otra excusa vulgar, de esas que me sabía de memoria desde hacía muchos años.

Esa idea me aterrorizó, porque sentí que ya no tenía el coraje de suicidarme. Estaba agotado; y el nuevo esfuerzo fue mayor que mis fuerzas.

Se me había escapado la oportunidad, cuando llegó la esperanza.

En este mundo, todo necesita una oportunidad, incluso el momento de la muerte.

Siglos de angustia habían pasado en los minutos que anticipé a mi llegada.

En ese momento vi que se acercaba a mí un hombre serio, que parecía un mayordomo inglés de una casa rica:

- ¿Es Su Excelencia el señor Silva Pinto?

- Sí soy.

- Aquí está, del señor Conde de Fon'Alva.

Tomé el sobre, temblando. Se despidió gravemente.

Lo abrí. ¡Me salvé! ¡El cielo se abrió ante mí, y vi a Dios, Dios mío, el Dios grande, que me ayudó, que me envió vida, salvación, honra, todo, en esos miserables papeles que contenían mi felicidad!

Estaban los dos contos y esta santa aurora de bondad: "Eran tres. Aun queda una a tu disposición."

¡Me convierto en Dios! Sentí su acción directa, su misericordia, su piedad por mis sufrimientos.

Y también me pareció verlos: a ti, Camilo, Mousinho, riéndose, riéndose de mí...

Estaba a salvo del suicidio para siempre. Fui salvado del infierno. Podría morir de hambre, estallar de dolor, desgarrarme fibra a fibra, y ya no pensaría en matarme.

No olvides estas cosas.

No a todos Dios los guía un Alfredo Anjos; pero a todos los que confían y esperan, Él siempre aparece.

Siempre, amigo mío, siempre.

Díselo a esta desgraciada mujer, Angelina, que, como yo, lucha con amargura, con hambre, con horror. Díselo rápido. Ayúdala, como me ayudaste a mí. Encuentra consuelo de tu propio dolor para aquellos que son más infelices que tú. Mira, esto de hacer el bien tiene consuelos que los traviesos no conocen. Es el placer del bien. Cuando abrimos nuestra alma, miramos dentro de ella y vemos algo bueno, consideramos para buen uso todo el mal que hemos soportado, todo lo que hemos sufrido, y reconocemos que hemos sufrido poco, y todas las satisfacciones que disfrutamos nos han costado poco.

Diciembre de 1911.

Para calmar a los incrédulos y frenar las sonrisas de pesimismo irónico, conviene asegurar que estos casos, que más bien parecen cuentos en los que entran hadas milagrosas, no son aislados ni se producen solo en Portugal.

Viriato Correia, uno de nuestros escritores más brillantes y célebres, miembro de la Academia de Letras, se encontró una vez en una situación desesperada, repentinamente llena de dificultades suficientes para llevarlo al suicidio. Teniendo un gran culto a la memoria del ilustrado y bondadoso Dr. Bezerra de Menezes, recordó a la Federación Espírita Brasileña, templo de la creencia de aquel abnegado apóstol del bien.

Allí pidió a Manuel Quintão, también muy devoto de Bezerra de Menezes, que le sirviera de intermediario en un llamamiento al espíritu de su querido amigo, pidiendo consejo paternal ante la terrible e irremediable situación en la que él, el escritor , se encontró a sí mismo.

La respuesta llegó afectuosa, paternal, reconfortante, con la delicada censura que merecían los pensamientos ocultos del literato, pero con la solución necesaria.

Aquí, en palabras públicas del propio escritor, está el relato elocuente, tras referirse a un caso anterior:

"La otra vez - esto pasó aquí en la Federación -, me vino a la cabeza cierto intento. Al principio me pareció muy sencillo, pero a medida que iba trabajando para lograrlo aparecieron obstáculos. Cuando abrí los ojos, había paredes reales frente a mí. Era imposible ir más lejos.

Pero el caso, que al principio era material - esto sucede siempre en la vida de los trabajadores -, ya se había convertido en un caso moral. Mi nombre y mi honor estaban en juego.

No podía dar marcha atrás. Pero no pude continuar. Me faltaba todo, todo, para seguir adelante.

Me lancé como loco, como un desesperado, buscando los elementos.

Toqué decenas de puertas que supuse estaban abiertas en mi entrada.

Las encontré con cerraduras de hierro.

La situación era de esas en las que no tienes derecho a quedarte quieto. Hice girar tierras y mundos y todo falló. Hubo un día en que tuve miedo de volverme loco. O lo decidiría en veinticuatro horas o estaría completamente perdido. Sin embargo, no había más pasos que dar, ni puertas que cerrar de golpe.

Hay ocasiones en las que el consuelo de un amigo vale tu propia vida. Necesitaba a alguien a mi lado. Entré aquí con el alma traspasada. Llegaba Manuel Quintão.

Le conté la historia en detalle.

- ¿Que quieres que haga? - Me preguntó con tristeza, conmovido por la gravedad de mi situación.

- Quiero que le pidas a un espíritu que me aconseje. Pregúntale al espíritu Bezerra de Menezes. Tenía un cariño particular por el espíritu Bezerra de Menezes. Un tiempo antes, a través del mismo Manuel Quintão, me había dado algunos consejos saludables, con una sutileza conmovedora.

Ante mi pedido, Quintão se quedó pensativo, concentrado, como si no supiera si debía hacerlo o no.

Finalmente levantó la cabeza, como si hubiera recibido inspiración:

- Voy a pedir. Sube.

Subí. Esperé en una de las oficinas del primer piso, junto a aquella en la que se encerró el médium.

Pasaron diez minutos. Quintão regresó tranquilo, sonriendo, pero en su rostro se veían las huellas de la profunda concentración en que había estado.

- Léelo - dijo, entregándome un papel.

Fue una comunicación. Fue un chorro de luz. Era esperanza. Lo guardo entre mis papeles como un tesoro.

Comenzó con un reproche: debería haber medido mejor mis fuerzas. Pero concluyó que no todo estaba perdido. "Hay una puerta a la que aun no has tocado. Ve, cuéntalo todo, di la verdad y se abrirá con el favor de Dios."

Muy curioso. Hasta ese momento pensé que ya no había más puertas a las que tocar. Pero apenas terminé de leer, vi, vi en un instante, como si alguien me inspirara, la puerta que había olvidado tocar.[4]

Se suponía que una comunicación como esa, proveniente de un médium escrupuloso como ese, tranquilizaría a la gente, incluso a un espiritista incipiente como yo.

Fui donde me envió la inspiración, estaba sereno, confiado, seguro que mi deseo se cumpliría. De hecho encontré las puertas abiertas de par en par. "Todo se hizo realidad, gracias a Dios."

Y la afligida criatura, tal vez agotada de luchar en el mundo de las letras, donde surgen tantas dificultades, tal vez habría cometido un error, sin la ayuda salvadora del amigo del Más Allá, elemento destacado de la pléyade de los buenos espíritus, compasivos, que, allí y allá, sostienen a los que están desanimados en la vida.

Y, gracias a una asistencia providencial, el escritor prosperó, creció en prestigio literario, hasta que la Academia de Letras reconoció su valor intelectual.

Y, tal vez, si no rehúyen a su testimonio; es decir, si tienen la valentía de afirmar siempre la verdad de la supervivencia consciente del espíritu fuera de las fronteras de la vida terrena, tal vez esta actitud valiente atraiga mayores bendiciones, Justa recompensa para quienes, por encima de las humildes comodidades materiales, colocan la afirmación de la verdad pura y sublime.

Por esta verdad, todo el mundo sabe que el mundo terrenal es un pequeño agujero donde se esconden los conejos, temerosos de enfrentarse al Sol. Acostumbrados a la oscuridad de la noche y a la penumbra del día, estos desgraciados acaban pensando que el mundo es el agujero, y a menudo se marchitan en ausencia de la luz saludable del Sol, quemando pero curando.

---

[4] Geraldo Rocha, gran propietario, incluidos periódicos, que fundó.

Este Sol es la doctrina de los espíritus, enseñando que la vida es universal, que nadie muere, que todo evoluciona y se compenetra, en el misterio de las formidables transformaciones, que las mentes y la ciencia de los hombres aun no saben desentrañar.

Feliz el ser que emerge de las tinieblas subterráneas de la ignorancia y se deleita en el calor benéfico de las claridades celestiales que emanan de las enseñanzas de los espíritus.

Éstos no se dejan acosar por la desesperación, les perturba la revuelta, ni piensan en la muerte, porque saben que todo es armonía, todo es justo, necesario, providencial, siguiendo los eslabones que forman la cadena de la vida en la Tierra, en el espacio, en el universo.

Quien crea en las verdades demostradas de la intervención de los espíritus en la vida de las criaturas humanas nunca será suicida, sabiendo cuántas amarguras irremediables aguardan a tales criminales al borde de la erraticidad.

El suicidio ha sido objeto de estudios en profundidad. Neurólogos, psiquiatras, médiums, filósofos, teólogos, escritores, toda una legión de intelectuales ya han intentado precisar en causas definidas, en leyes más o menos creíbles, el origen de un acto tan ilógico como loco.

Atribuyéndolo a trastornos meramente funcionales o a influencias espirituales nocivas para la salud, ni la Ciencia ni la Religión han logrado llegar a conclusiones definitivamente convincentes.

Literatos de renombre y escritores de innegable prestigio han escrito páginas admirables de belleza y elocuencia sobre el tema, pero ninguno ha logrado arrojar suficiente luz sobre el oscuro misterio que da lugar a la deserción de la vida.

Médicos eminentes, de talla mundial, han buscado en vano resumir en tratados eruditos las conclusiones a las que llegaron mediante los estudios realizados; pero, los propios casos observados muestran la apresurada fragilidad de tales conclusiones, que en última instancia se basan en la opinión de los observadores, en las hipótesis formuladas, y no en el mobiliario oculto y real que dio origen al caso observado.

Si los libros, basados en hipótesis e ideas comunes y suficientemente difundidos, fueran suficientes para educar y fortalecer las mentes contra el auto homicidio, dos, entre docenas, ya estarían traducidos y apareciendo en todas las estanterías: el "*Tratado del suicidio*", del Dr. Luís Bertrand - obra premiada por la Academia Imperial de Medicina, en sesión solemne el 5 de diciembre de 1848 -; "*Los ilustres suicidios*" – biografía - desde el principio del mundo hasta nuestros días, de F. Debadie, edición F. Sartorius, París. Esta mala dirección de la ciencia durará mientras los científicos insistan en no admitir o reconocer la acción de fuerzas desconocidas y poderosas que actúan propulsoras: en los sentimientos de las criaturas, un factor moral que constituye la causa principal, si no la única, de todos los problemas del comportamiento humano.

No existe ninguna función fisiológica a la que se pueda atribuir irrefutablemente una acción, un acto de orden moral, teniendo en cuenta aquellos factores intelectuales que distinguen a un Machado de Assis, a un Osvaldo Cruz, a un Farias Brito en los diversos ambientes colectivos.

De hecho, la presión fisiológica puede, debido a una sutil perturbación intercurrente, causar inhibición mental, determinando un acto que refleja tal perturbación, que puede confundirse con un estado especial y mórbido del paciente; pero nunca puede dar lugar a un fenómeno de súper lucidez, como la premonición, la visión doble, la escisión de la personalidad, la autoscopía y muchos otros.

Sin embargo, frente a hechos inusuales, premoniciones, por ejemplo, los extremos del dilema tocan el frente de la lógica: o algo, organizado, con conciencia y voluntad, abandona el cuerpo físico del vidente y recopilará información de todos los ignorados, para luego ingresar nuevamente al cuerpo del vidente; o bien la inteligencia y la voluntad actúan fuera del cuerpo, independientemente de cualquier condición orgánica que pueda invocarse como generadora del hecho.

En el suicidio solo debe admitirse el origen espiritual como factor preponderante de este acto que, desde la perspectiva principal, significa la destrucción de lo que la criatura más valora y defiende.

En torno a este tema existe una verdadera biblioteca escrita por los más diferentes pensadores, con puntos de vista muy variados, antagónicos y algunos bastante arbitrarios.

Voltaire, en su irónico "*Diccionario filosófico*", dice: "El suicidio es un acto que demuestra ferocidad más que debilidad"; pero, contradiciendo esta afirmación, se puede ver que Sighele, en "*Evolución del suicidio al homicidio*", registra numerosos casos en los que suicidas, desilusionados, dejaron, en cartas de despedida, tiernas y tristes palabras de nostalgia a quienes los despreciaron y les dieron provocar el acto de renunciar a la vida.

Pero la verdad escapa por completo a los estrechos límites - aunque extremos - que van de la ferocidad a la debilidad, y es casi inaccesible a la observación material inmediata.

El Dr. Raymonde Pierre Janet, especialista en Salpêtrière, en su famoso tratado "*Las nevrosas y las ideas fijas*" - ed. Alcan, 1908 - lo confiesa.

Narra el caso de una niña de ocho años que, inteligente, vivaz, amable, solo tiene una idea en la cabeza: la de morir. Esto empezó a los cinco años, sin que nadie supiera porqué. Ella siempre habla, habla con las muñecas y prepara intentos de suicidio. Es, diríamos, una especie de absurdo, como el que existe en los delirios histéricos infantiles; pero esto lleva tres años, sin cambios, y no sabemos cómo terminará. Sin duda, es hija de una persona alienada, pero eso no explica el mecanismo de tales desviaciones de los instintos.

Al abrir esta narrativa, los expertos dicen:

"La idea del suicidio no siempre es fácil de interpretar; a menudo es casi inexplicable; parece depender de una modificación desconocida de los instintos más fundamentales."

Y, aun antesala de otro caso de impulso suicida, en un chico de quince años, los citados médicos dicen: "Uno de los impulsos, el más frecuente y el más inexplicable, es el impulso suicida."

Arthur Schopenhauer, de hecho muy versado tanto en Ocultismo como en Metafísica, llega, entre otras cosas, a una conclusión casi idéntica, al comentar un relato de la "Correspondencia de Nuremberg", fechada el 18 de julio de 1813:

Noticias de Berna son el descubrimiento, en un espeso bosque, de una cabaña en cuyo interior se encontró el cadáver descompuesto de un hombre. La ropa no aportaba ningún elemento de identificación respecto de la jerarquía del fallecido. Lo más importante encontrado fue una Biblia encuadernada con páginas en blanco, algunas de las cuales estaban escritas a mano por su propietario. Decía cuando salió de casa - sin indicación de ubicación - y que se fue al desierto a orar y ayunar. Durante el viaje, había ayunado durante seis días, y después había comido. Instalado en la cabaña, comenzó de nuevo el ayuno, marcando cada día de abstinencia con una línea. Eran cinco, y se supuso que el hambre lo mató al sexto día.

Y Schopenhauer comenta:

"Entre esta muerte voluntaria, inspirada por un ascetismo extremo y el suicidio aconsejado por la desesperación, se pueden intercalar, a menudo compuestos y mezclados, un número considerable de matices intermedios, y es, en verdad, muy difícil de explicar; el corazón humano tiene profundidades, oscuridades y complicaciones que siempre darán un trabajo extremo a quien quiera aclararlas y analizarlas.

La documentación es abundante y muy variada en cuanto al género literario de los autores, pero es importante subrayar, de entrada, que el problema solo encontró explicación creíble después que los espíritus comenzaron a revelar la situación en la que se encuentran los suicidas en el Más allá, documentado, con la identidad de los enfermos y con el relato indudable de los insoportables sufrimientos que allí vivieron.

El espíritu escéptico ha tratado de socavar el valor de dicha documentación; pero las inteligencias sinceras y sensatas no dejarán de admirar, en estas conmovedoras narraciones, la verdad que, traslúcidamente, penetra en el alma de quien admite la existencia de una extensión inmortal de la vida terrena, y también de una sanción moral que abarca premios y castigos para los espíritus buenos y malos.

Y tales pruebas cobran importancia, porque han surgido testimonios en los más diversos ambientes, entre personas confiadas, de creencias completamente ajenas a la consideración de la existencia del Más Allá de la Tumba, incluso en ambientes adversos a tales convicciones.

Según la documentación aportada por los espíritus, se sabe que la idea del suicidio tiene dos causas principales: los sentimientos enfermizos de criaturas sin el control de la sana moral; a influencias de espíritus ignorantes o enemigos.

En la primera hipótesis, la criatura atrae, por la fuerza de las afinidades, espíritus capaces de conducirla al delito de auto homicidio; en otros casos, mucho más complejos, se dan desafecciones profundas, a veces cimentadas por un odio verdadero, que ejercen venganza, buscando involucrar y dominar al enemigo - indefenso, si no tiene una sólida moral religiosa -, arrastrándolo a la práctica del suicidio, de una vez por todas que – invisible - el obsesor puede actuar sin que la víctima se dé cuenta de dónde viene la mala idea.

Aunque inexplicable a primera vista, la afinidad de los espíritus, que se atraen o repelen dentro de las mismas vibraciones de sentimientos, es un hecho comprobado, más allá de toda duda e incluso controversia. La criatura que envía al éter magnético, que nos rodea y envuelve, las emanaciones de sus sentimientos malsanos, encuentra resonancia inmediata en espíritus de idéntico sentimiento y que, viviendo en la atmósfera terrestre, se sienten atraídos por sus hermanos semejantes en atraso moral.

Y luego se produce una especie de fusión de entidades, cuyas acciones se confunden fácilmente, lo que dificulta determinar cuáles pertenecen al individuo terrenal y cuáles a la entidad espiritual, lo que desencadena sus parientes en sentimientos o deseos.

Las verdaderas tragedias, y muchos actos considerados locura por los maestros de las ciencias mentales, tienen su origen en esta fusión de almas, que escapa al examen sagaz de los médicos especializados y omniscientes en las ramas de la Psiquiatría.

He aquí una prueba, en este relato recibido en Belém do Pará, que es absolutamente veraz y controlado:

- "Cierto joven, de apellido Ribeiro, que se encontraba fuera del Ejército, envidiaba furiosamente a cualquier persona feliz, próspera o bien dotada en cuanto a inteligencia, alegría y belleza. En tales ocasiones, en su pensamiento vibraban oleadas de odio y de revuelta, de odio por no tener el bien ajeno, de revuelta por no poder destruir la felicidad de los demás.

Una noche, mientras caminaba por el muelle del puerto, furioso por hechos relacionados con las grandes fortunas ajenas, volvió a cavilar sobre la idea de morir, para no presenciar el espectáculo de las alegrías y prosperidades de nadie.

E incluso pensó en el suicidio, mirando las inquietantemente tranquilas aguas del río Guajará.

De pronto, sintiendo una especie de impulso - de origen impreciso -, pensó en arrojarse al agua, y también sintió que seis vigorosos brazos de seres invisibles lo proyectaban hacia el río. Luchó en vano. Sufrió la aflicción de la asfixia durante un tiempo inconmensurable en su imaginación, en la más completa oscuridad y en la mayor desesperación que un rebelde podría conocer.

Solo después de un tiempo, cuya duración no le fue posible medir, sintió que alguien se le acercaba y lo conducía al cenáculo donde hacía su relato y confesión.

- Sé - dijo entonces -, que fui víctima de mis malos sentimientos. Realmente no me suicidé porque me arrojaron al río;

pero este acto fue provocado por mí, que atraía, a través de mis sentimientos inferiores, espíritus capaces de compartir las tendencias malsanas de mi corazón, sintiéndome feliz de arrojar a otro hermano gemelo al mal y al atraso moral a la desgracia espiritual. Ahora también sé que a la gente mala no le falta ayuda para cometer los crímenes más atroces. Los espíritus evolucionados, nobles en sentimientos y grandes en conocimientos, no se encuentran en la atmósfera inferior de la Tierra, sino en labores de evangelización, ayuda y consuelo a los que sufren de toda especie; mientras que los inferiores, a quienes la luz de la verdadera religión aun no ha iluminado, deambulan por las calles y dondequiera que puedan encontrar "compañeros" de ideas y sentimientos, para expandir sus propios deseos e impulsos de intemperancia e incluso de maldad criminal. Atraje, retuve y aumenté el número cada vez mayor de estos elementos perniciosos, en virtud de unirles afecto con el imán espiritual de mis sentimientos de estar obsesionado con el más terrible de los pecados mortales: la envidia. Si hubiera reaccionado, los habría alejado; ignorante de las verdades evangélicas, que solo el Espiritismo puede explicar verdaderamente, me hundí en el abismo de la muerte espiritual.

Felices aquellos que repelen los malos impulsos, porque solo así no se convierten en futuros esclavos de los espíritus de las tinieblas, aquellos que, en el momento oportuno, conducen - irresistiblemente - a la criatura a cometer un crimen."

A menudo, esta atracción tiene su origen en la facultad mediúmnica, lamentablemente tan poco conocida y tan poco estudiada.

En general, las criaturas que tienen el don de la videncia, la premonición, el oído y otros, son consideradas "raras" o influenciadas por el demonio, de modo que casi nunca buscan dilucidar el problema, buscando en el Espiritismo una explicación para tales dones, para convertirlos en instrumentos de progreso moral, prosperidad y paz en la vida de todos ellos. Así, debido a una educación mal mantenida, la criatura cultiva sentimientos desordenados e incoherentes, hasta el punto de quedar indefensa frente a espíritus errantes y materiales, lascivos, inescrupulosos, borrachos, avariciosos, asesinos, en fin, que aun conservan toda su colección de hábitos y tendencias criminales que ejercieron en la última encarnación, y de los cuales no fueron liberados porque permanecen - en espíritu - en los mismos ambientes y las mismas ideas que predominaron en sus respectivas existencias en la Tierra.

Uno de los ejemplos más preciosos, y también una gran lección de advertencia, es el caso del suicidio de un conocido y distinguido empleado del Ministerio de Hacienda, que se desempeñaba, con indiscutible competencia, como director de una de las más importantes agencias tributarias de cobranza, la Sindicatura del Distrito Federal.

Licenciado en Derecho, escritor de talento, autor de dos libros de poesía, carácter íntegro, educado en su trato, querido por todos los que le conocieron, este joven había revelado desde muy pequeño sus impulsos y rarezas que lo caracterizaron: un médium.

Algunas crisis que tuvo, si bien no traspasaron el ámbito doméstico, nunca fueron debidamente atendidas, ni por la familia ni por los médicos, situados en dos extremos: el catolicismo y el materialismo.

Así, prosperando sin conocimiento de las doctrinas del Espiritismo, el espíritu de esta futura víctima de los obsesores fue dominado, hasta llegar al extremo deseado por ellos.

Mientras que en la actividad burocrática, las múltiples tareas, absorbentes por su naturaleza, no daban al médium en cuestión tiempo de abstracción para que los obsesores pudieran actuar a voluntad en su espíritu. El estudio de la legislación, el despacho de procesos, las audiencias y consultas personales sobre la marcha de los negocios de la Oficina, las preocupaciones domésticas cotidianas, todo esto ocupaba las dos terceras partes de las veinticuatro horas del día.

Retirado, el médium perdió el elemento de reacción natural e inconsciente que había ejercido contra la influencia traidora de los obsesores, quienes, desde entonces, tuvieron amplio margen para su acción destructiva, subvirtiendo el ritmo de la vida doméstica en ese hogar, predisponiendo, de esta manera, el espíritu apuntaba a los fines predeterminados por ellos.

Es cierto que hubo señales de alerta; in embargo, la familia, intensa ante cualquier idea que admitiera la intervención de los espíritus en la vida de las criaturas, no prestó atención a los signos vehementes del fin que se acercaba.

Una vez, el médium, hablando con un amigo, en su casa, sentado en un banco del jardín, se volvió, como si hablara con la entidad invisible, y dijo:

- Tranquilo, porque me suicidaré; ya te lo prometí y cumpliré mi palabra.

Este detalle, de significado elocuente y alarmante, no tuvo poder para convencer a nadie del grave momento en que se encontraba el ilustre y desventurado hombre.

La claridad meridiana del incidente no atrajo la atención de la familia.

Y, pocos días después, impulsado por un anuncio en un periódico, alquiló una habitación en Copacabana, y allí, utilizando una sábana, se ahorcó.

La sorpresa fue enorme, porque, en sus conversaciones con amigos y colegas, no dejó que nadie viera que su espíritu, tan brillante y culto, estaba afectado por la oscuridad de los pensamientos obsesivos de suicidio, el mayor crimen identificado por las religiones occidentales. Y esta sorpresa crece en importancia, cuando consideramos y sabemos que la influencia y el intercambio de los espíritus, en nuestra vida diaria, ya ésta pasó del terreno sectario al de las realidades indiscutibles e incuestionables.

En el apogeo de los estudios e investigaciones realizados por científicos y sacerdotes cristianos sobre la comunicación ininterrumpida de los espíritus con nuestro mundo, es imperdonable ignorar los signos evidentes de obsesiones, bajo el inútil pretexto que la materia es del dominio del Espiritismo. , y por tanto - herético - para las religiones oficiales.

El Espiritismo estudia, por supuesto, los diversos fenómenos del psiquismo y pretende haber recibido un cuerpo de Doctrina dictado por los espíritus; pero, está demostrado que el don mediúmnico y la situación obsesiva no eligen la creencia de la criatura que lo recibe o lo padece.

Médiums y obsesionados – la historia lo atestigua – han sido reyes y lacayos, papas y novicios, canónigos y sacristanes, mariscales y clarines, ricos y mendigos, sabios y analfabetos, médicos y enfermeros, monjas y laicos, escultores y zapateros, todo los demás que han encajado en la contingencia humana.

Y es también a este estúpido prejuicio al que se debe la enorme frecuencia de los asilos.

Más de la mitad de los desgraciados que son víctimas de la crasa ignorancia de los pseudo conocimientos de las enfermedades nerviosas, no son más que gente obsesionada, que necesita de un espiritista conocedor de la Doctrina, para quitarles el elemento de inhibición mental, y nunca los múltiples bromuros con que se embota la mente, la actividad nerviosa del paciente, impidiendo – por este medio artificial – que los obsesores puedan emplear a la víctima en la práctica de locuras de todo tipo, incluido el suicidio.

Personas insospechadas, ajenas a cualquier vinculación con el Espiritismo, han publicado interesantes relatos de casos auténticos y personales; pero aun así el testimonio pasa y el prejuicio permanece.

He aquí uno de estos relatos ideales, publicado bajo el sugerente título "Voces del Más Allá de la Tumba", por el renombrado diario "A Razão", que apareció en esta Capital, el 30 de noviembre de 1917:

Un viejo amigo nuestro, persona de toda respetabilidad y alto estatus social, nos envía lo siguiente:

– " Nunca me preocupé por los fenómenos del Espiritismo. Siempre tuve miedo de perder el tiempo con ellos y que me hicieran daño.

Espíritus inferiores, que en todas partes se manifiestan como buenos y cuyas manifestaciones solo resultan en mal para quienes las toman en serio, y no saben conocer y atraer el bien.

Sin embargo, en 1870 me sucedió algo extraño. Estaba en S. Paulo estudiando mi primer año de Derecho.

En nuestra pensión, la de viuda Reis, en la Rua de São Bento nº 48 - hablamos un día sobre el Espiritismo. Un compañero de casa me invitó a ir al Campo dos Curros, donde había un médium interesante. Me resistí, pero al final fui a las 7:30 p.m. Había algunas personas allí, todos desconocidos. Era natural que esto sucediera, habiendo llegado de una provincia hacía menos de dos años.

Después de las presentaciones, no se pronunció mi nombre completo, solo se dijeron estas palabras: "F., mi colega de la Academia."

Una vez iniciada la sesión, el médium dijo:

- Hay alguien en el Espacio que quiere hablar con... - y dijo mi nombre.

Intrigado, rápidamente dije que era yo y pregunté quién era.

- Rosa - dijo el médium.

- No sé quién es - respondí.

- Rosita, tu tía.

De hecho, tenía una tía por afinidad, residente en mi provincia. Inmediatamente me acordé y, algo aturdido, le pregunté qué quería de mí.

- Pero, ¿qué es esto? Dilo, dilo.

- Estoy muy infeliz, estoy muy infeliz.

El médium guardó silencio y ante mi insistencia me dijo:

- Regresó a su estado materializado.

Conocía un poco la técnica del Espiritismo y pedí al médium que se concentrara nuevamente, y con calma precisa, y la evocaría.

Un silencio nuevo, aun más prolongado; pero a mi tía no le fue posible regresar.

En ese momento todavía no había telégrafo a mi provincia, pero al día siguiente escribí a mi madre, residente en esta Capital, contándole todo lo sucedido.

Días después, mi madre me escribió regañándome "por involucrarme en el Espiritismo" y aconsejándome alejarme por completo de "esas historias."

Obedecí, pero días después llegó un paquete trayendo desde la provincia noticias, cartas y periódicos que narraban el suicidio de mi tía Rosita, el mismo día y a la misma hora de la sesión de Campo dos Curros.

Noté que mi madre evitaba hablarme de esto y la imité.

- Nunca volvimos a hablar de tía Rosita. Mi madre murió 18 años después...

Últimamente me pasó otro hecho aun más impresionante. Me encuentro con alguien muy involucrado en el Espiritismo. Hablamos mucho de él, porque lo encuentro interesante, y este amigo siempre me invitaba a asistir a una sesión, lo que siempre evitaba, por los motivos ya explicados. Este amigo me contó hace unos días que el día anterior se puso en contacto con alguien que le pidió que me llamara, pues necesitaba hablar conmigo.

- ¿Quién es? *- Le pregunté.

- No sé. Intervino en una comunicación y me pidió que te llamara. Vamos. Quizás sea algo importante o una obra de caridad, quizás una oración, siempre tan útil para los difuntos. No te demores. Vamos hoy.

Aunque reacio, fui. Tan pronto como entré a la habitación, el amigo me dijo:

- Quien te llama ya te está esperando, muy impaciente, con mucho dolor.

- Pero ¿quién es?

- No sé. Él realmente quiere hablar contigo.

- Entonces ponme en contacto con él.

- Cálmate y espera.

De repente sentí que me estremecía y tenía las manos frías, y el amigo inmediatamente me dijo:

- Ya está ahí. Háblale.

Le pregunté quién era y qué quería de mí. El médium escribió:

- Es Jacinto, tu amigo.

Recordé que hace 25 años conocí a alguien con este nombre. Pero este Jacinto - ya ves que ahora le cambio el nombre - se suicidó en ese momento, pegándose un tiro en el cerebro. Aterrado, pregunté si era el mismo Jacinto. La respuesta fue inmediata:

- Sí, soy yo. Recuerda que en vísperas de mi suicidio fui a tu oficina, en la Rua da Quitanda, para comunicarte mi resolución, pero no me creíste. Me diste un consejo, estaba loco por no hacerlo.

Me fui y al día siguiente me suicidé. Vine a contarles qué es el suicidio y pedirles que escriban para ridiculizar a los demás.

El día que debía suicidarme, volví a casa desesperado y ya sabes los motivos. Después vi que no valían nada comparado con el sufrimiento que comencé a sufrir. ¡Qué cosa tan horrible! Coloqué el revólver en el paladar, que era el lugar donde sabía me iba matar rápidamente, sin salvación posible. Me disparé, pero pronto descubrí que todavía estaba vivo, sintiendo el dolor, escuchando los gritos de mi familia, pero sin poder moverme. Permanecí paralizado hasta que llegó la hora de partir. Todo lo escuché, vi y miré, sufriendo siempre el dolor de la herida de bala en la boca.

Me llevaron al cementerio, me enterraron y me dejaron solo. Sentí la asfixia en el fondo del pozo, pero no podía hacer el más mínimo movimiento. Sin embargo, mi inteligencia era lúcida: recordaba todo, razonaba, seguía e implementaba ideas. Entonces recordé lo que me había dicho un espiritista: "el espíritu del suicida debe permanecer unido al cuerpo, porque nadie tiene derecho a cambiar el orden determinado por Dios." Vi la verdad de lo que me habían dicho. Comencé a sentir un dolor fabulosamente insoportable. Sentí la putrefacción del cuerpo, sentí toda la angustia, el dolor, el olor nauseabundo de la putrefacción, las insoportables picaduras de los gusanos.

Después... ¿cuánto tiempo después? La carne se fue separando del cuerpo, terminando, pero siempre sintiendo un dolor terrible, viendo mi cuerpo desconectarse de los huesos, pero siempre estaba viendo y sintiendo todo.

El hambre y la sed me quemaban. Oré, pero no obtuve respuesta.

Un día, sacaron mis huesos de la tumba y los llevaron a nuestra parcela familiar. "Vi" esta remoción y me quedé dentro de la tumba.

El intenso dolor de la herida de bala en el paladar nunca me abandonó. Siempre lúcido, siempre razonando, sin descansar ni un minuto, viendo mis huesos como si los viera con mis propios ojos...

Después... ¿cuánto tiempo después? Nunca volví a tener sentido del tiempo.

La tumba se abría de nuevo, una, dos, tres veces, y siempre se colocaban más huesos. ¿De quién? Nunca lo supe, pero eran de mis familiares, naturalmente.

Ahora, en estos últimos días, he sido liberado. ¡Ahora purgaré mi crimen en una nueva y más terrible reencarnación!

Sabía lo que enseñaba el Espiritismo, pero nunca quise tomarlo en serio. Cuando me vi muerto por suicidio, me acordé de todo...

No puede ser la intención de Dios perder un alma, creada por Él para ser añadida a Su Propia Persona en el futuro. Tuve que esperar y sufrir con resignación las consecuencias de mi crimen. Mi debilidad y mi falta de confianza crearon esa situación, y por eso sufrí horriblemente, y seguiré sufriendo hasta que se corrija un error tan grande, un delito tan grave. No hace mucho sentí un gran alivio. ¿Qué fue eso? Pregunté sorprendido. Inmediatamente recordé que tal vez había llegado el momento que mi Ángel de la Guarda se acercara, lo cual mi terrible e inmensa perturbación había alejado, ya que comencé a pensar en el suicidio y así atraer a los espíritus obsesores que me llevaron a la muerte antes del fin de los tiempos; y, con su ayuda, me liberé del terrible estado material y oscuro en el que me encontraba, y aquí estoy para pedirles que digan lo que sufren los suicidas. Hay respetos humanos que quizás te cierren la boca.

Y mostraré a quien vea que está dispuesto a creer. Me gustaría publicar la historia completa, pero me detengo ante el respeto humano, que es el mayor enemigo de la conciencia y la verdad."

La comunicación de Jacinto se realizó bajo todas las condiciones para ser recibida y aceptada como cierta.

La Doctrina Espírita sobre el suicidio es antigua y yo la conocía desde hacía muchos años.

Aquí está mi contribución.

Que nadie me tome por impostor.

Río, octubre de 1917.

Después de las aterradoras confesiones de las páginas anteriores, para una mejor comprensión es muy importante subrayar que el sufrimiento espiritual, la vergüenza decepcionada y el arrepentimiento irreparable no están exentos incluso de aquellos que abandonaron este mundo, no vencidos por las furias de las revueltas, rumiando en desesperación, maldiciones contra las contingencias naturales de la vida.

Valioso testimonio de este sentimiento lo da, en su estilo típico, nuestro inolvidable Santos Dumont, el gran y glorioso descubridor de la navegación aérea. Consagrando por completo su noble mediumnidad al cumplimiento de la misión que le había traído a la Tierra, renunció a todos los placeres que la riqueza y su juventud podían aportarle. Vivió una vida pura, ignorando el mal y los sentimientos inferiores. Pero a pesar de ello, el deudor moroso de la Ley, tuvo que pagar el triste tributo del suicidio.

A continuación se presentan algunos extractos del persuasivo mensaje recibido esporádicamente por la médium María de Lourdes, cuando se reunían los Directores de la "Tienda de los Creyentes", tratando cuestiones de carácter administrativo en ese Centro, y que fue publicado en el "Diário Carioca" , en un informe de Ricardo de Almeida, del 3 de junio de 1942:

- "El hecho de ausentarme voluntariamente de este planeta no significa lo mismo – como entonces pensaba ciegamente – que volar en mis dirigibles o ascender en mis aviones. La responsabilidad ante Dios es muy diferente a la que asumimos ante los hombres. No es imposible - y a veces resulta bastante fácil - convencer a los demás de cosas que no existen y de derechos que nos asisten, cuando, en verdad, ni uno ni otro tienen conciencia de justicia ni de verdad. Una vez desencarnado; sin embargo, el panorama cambia completamente de apariencia. Todas nuestras acciones adquieren la transparencia de una gota de agua. Entonces somos juzgados por lo que realmente valemos y no por uno o qué otro atributo se suponía que debíamos tener.

En mi caso particular, tomé decisiones que iban mucho más allá de mi libre albedrío. Me deshice de un bien que no me pertenecía, como si fuera mío y de poca importancia. Ni siquiera consideré que las leyes de Dios, en las que se basan las leyes de los hombres, inevitablemente tendrían que hacerme responsable, haciéndome responsable de mi acto antinatural. En este trance me ayudó el hecho de haber trabajado duro por el bien colectivo. Siempre he sido un ferviente creyente en la existencia del Creador y, cansado y desilusionado, a pesar del esfuerzo realizado, algo me dijo que mi lucha no había sido en vano. Pero la maldad de mi prójimo tuvo la fuerza necesaria para aniquilar en mí la última resistencia. Me encontré entonces solo y abandonado de todo lo que una vez había amado con fe y exaltación, perseguido por un remordimiento que escapaba a mi control, olvidado y maldecido en mi propia obra revelada. La noche de la desesperación finalmente había llegado conmigo; conmigo vino el deseo de olvidarlo todo, de perder la conciencia de todo, dispersándome, al fin y al cabo, en la nada de la que procedía. Y eso es lo que tontamente intenté aquella mañana de julio de 1932. ¡Ah! ¡Cómo me equivoqué entonces...! Mi despertar en el espacio fue más doloroso y trágico que las horas más oscuras de mi vida terrenal. Ahora tenía la conciencia más tranquila y mi desesperación - una desesperación continua, imparable e inquieta - me torturaba sin descanso. Mi error había sido enorme, imperdonable y tremendamente deficiente. Sin embargo, como la bondad de Dios es infinita, mis súplicas acabaron siendo escuchadas. Entonces la serenidad volvió a mí. Y medí bien el abismo en el que había caído. No podría ahora repetir el error que cometí, permitiendo que la desorganización de mi cuerpo material dominara las fuerzas del espíritu. Hoy soy, una vez más, un ser consciente, una partícula viva del universo. Estoy una vez más ante la Luz - que es Dios - y solo aspiro a regresar a su planeta para, reencarnado, continuar mi trabajo por el progreso moral y material de la humanidad. Sé que mi deseo pronto se cumplirá.

Ahora, en ese momento, la invención interrumpida por mi incapacidad mental y, poco después, por mi muerte, ya no constituirá un peligro. Al contrario, será uno de los mayores logros de la tecnología, al servicio del bienestar social.

Todos ustedes me admiran, hermanos míos, porque me entregué en cuerpo y alma a la creación y ejecución de mis inventos; porque gasté salud y fortuna en la búsqueda de mi ideal; porque, por amor a mis globos y a mis aviones, incluso dejé de formar una familia, privándome así de las alegrías de un hogar, del amor de una esposa y de la gloria de un hijo, y por eso me diste el título de "Padre de la Aviación." Bueno, todo lo que hice fue todavía poco. Brasil: nuestro Brasil merece mucho más. El lugar que le está reservado en el futuro de la humanidad, dependiendo ciertamente de los designios de Dios, depende en gran medida de nosotros. Lo haremos grande y beneficioso, como realmente se merece. Somos un pueblo históricamente construido sobre la paz cristiana. En esta paz y en esta aspiración hemos vivido y prosperado. Por tanto, no será excesivo que el mundo futuro nos deba las fuentes y directrices de una nueva civilización. Todo depende de nosotros, de ustedes, de todos los brasileños, a quienes Dios ayudará en su infinita misericordia, creando así una patria rica, próspera y feliz.

He aquí lo que, sobre el tema, se puede leer en "*El Libro de los Espíritus*", de Allan Kardec:

Asco A La Vida, Suicidio.

943.- ¿De dónde viene el disgusto por la vida que se apodera de ciertos individuos, sin razones plausibles?

"Efecto de la ociosidad, de la falta de fe y, muchas veces, de la saciedad. Para los que ejercitan sus facultades con un fin útil y conforme a aptitudes naturales, el trabajo no es nada árido y la vida fluye más rápidamente; soporta sus vicisitudes con paciencia y resignación, porque procede con miras a la felicidad más sólida y duradera que le espera."

944.- ¿Tiene el hombre derecho a controlar su propia vida?

"No. Solo Dios tiene ese derecho. El suicidio voluntario es una transgresión de esa ley."

- ¿No es siempre voluntario el suicidio? "Los pocos que se suicidan no saben lo que hacen."

945.- ¿Qué pensar de los suicidas cuyo crimen es causado por el disgusto de la vida?

"¡Tontos! ¿Por qué no trabajan? La existencia no se convertiría en una carga pesada para ellos."

946. - ¿Qué debemos pensar del suicida que quiere escapar de las miserias y decepciones de este mundo?

"¡Pobres espíritus que no tienen el valor de soportar las miserias de la existencia! Dios ayuda a los que sufren y no a los que no tienen fuerza ni coraje. Las tribulaciones de la vida son pruebas o expiaciones; felices los que las soportan sin quejarse, ¡Por el contrario, ay de aquellos que esperan la salvación de lo que, en su impiedad, llaman azar o fortuna! El azar o la fortuna, para usar su lenguaje, pueden ciertamente favorecerlos por un tiempo, pero para hacer ellos sienten más tarde y más cruelmente la inutilidad de esas palabras."

- ¿Tendrán que sufrir las consecuencias quienes alienten al infortunado a cometer este acto de desesperación?

"¡Oh, miserables de ellos! Responderán como por asesinato."

947. - ¿Puede considerarse suicida un hombre necesitado y que se deja morir de desesperación?

"Es un suicida; pero quienes lo provocaron o pudieron evitarlo son más culpables que él, y le espera clemencia. Sin embargo, no penséis que será enteramente absuelto, cuando lo hizo por falta de firmeza y perseverancia, y no utilizó toda su inteligencia para salir de las dificultades. Especialmente desgraciado para él, cuando la desesperación nace del orgullo; es decir, si es de esos hombres en quienes el orgullo paraliza los recursos de la inteligencia, uno de los que ¡se sonrojarían por deber su existencia al trabajo de sus propias manos y preferirían morir de hambre antes que renunciar a lo que llaman su posición social! ¿No habrá cien veces más grandeza y dignidad en luchar contra la adversidad, en afrontar las críticas de un mundo inútil y egoísta, que solo tiene buena voluntad para aquellos que no necesitan nada, y que te da la espalda en cuanto lo necesitas? Sacrificar tu vida por la consideración de un mundo así es un acto muy estúpido, porque no tomarte en cuenta en absoluto."

948.- ¿Es el suicidio para escapar de la vergüenza de una mala acción tan reprobable como el suicidio provocado por la desesperación?

"El suicidio no elimina la culpa; al contrario, se convierte en dos faltas en lugar de una. Cuando uno ha tenido el coraje de cometer el mal, debe tener el coraje de sufrir las consecuencias. Dios juzga y, según la causa, puede en ciertos casos mitigar la severidad de la pena."

949.- ¿Es excusable el suicidio cuando tiene por objeto evitar el oprobio a la familia?

"Quien hace esto no hace el bien, pero cree que lo hace, y Dios lo tiene en cuenta, como es una expiación que el individuo se impone. Él mitiga su falta con la intención; pero el hombre no deja de cometer un culpa. Además, abolid los abusos y prejuicios de vuestra sociedad, y ya no tendréis estos suicidios."

El que se priva de su vida para escapar de la vergüenza de una mala acción, demuestra que valora más la estima de los hombres que la de Dios, porque entrará en la vida espiritual cargado de iniquidades, habiéndose privado de los medios para repararla. ellos durante la vida. Dios es menos inexorable que los hombres; perdona al sinceramente arrepentido y tiene en cuenta la reparación; el suicida no nota nada.

950. - ¿Qué pensar de alguien que se suicida con la esperanza de alcanzar más rápidamente una vida mejor?

"¡Otra locura! Haced el bien, y estará más seguro de llegar allí; suicidándose, solo podrá retrasar su entrada a un mundo mejor, y él mismo pedirá venir a completar la vida que cortó por una idea falsa. Un error, cualquiera que sea, nunca abre el santuario de los elegidos."

951. - ¿No es a veces meritorio el sacrificio de la propia vida cuando el objetivo es salvar la vida de los demás o ser útil al prójimo?

"Esto es sublime, según la intención y cuando este sacrificio no es un suicidio; pero Dios se opone a todo sacrificio inútil y no puede verlo con placer, especialmente cuando está desfigurado por el orgullo. Un sacrificio no es meritorio sino por desinterés, y él quien lo hace a veces tiene un motivo ulterior, que disminuye su valor a los ojos de Dios."

Todo sacrificio realizado a costa de la propia felicidad es un acto soberanamente meritorio a los ojos de Dios, porque es ley de la caridad. Ahora bien, como la vida es el bien terrenal que más valora el hombre, quien renuncia a ella por el bien de sus semejantes no comete atentado: hace un sacrificio. Pero antes de hacerlo, el hombre debe reflexionar si su vida no puede ser más útil que la muerte.

952. - ¿Se suicida un hombre que muere víctima del abuso de pasiones que sabe que deben acelerar su fin, pero a las que ya no puede resistir, porque la costumbre las ha convertido en verdaderas necesidades físicas?

"Es un suicidio moral. ¿No comprenden que el hombre es doblemente criminal en tal caso? Además de la falta de coraje y de animalidad, hay en él el olvido de Dios."

- ¿Es más o menos culpable que alguien que se priva de la vida por desesperación?

"Es más, porque tienes la oportunidad de reflexionar sobre el suicidio; en quienes lo hacen instantáneamente, a veces hay una especie de locura que raya en la locura; el castigo para el otro será mucho mayor, ya que las penas son siempre proporcionadas a la conciencia de los errores cometidos."

953. - Cuando alguien ve ante sí una muerte inevitable y terrible, ¿es culpable si acorta por unos instantes su sufrimiento mediante la muerte voluntaria?

"Siempre sois culpables cuando no esperáis el plazo fijado por Dios. Además, ¿quién puede estar seguro que, a pesar de las apariencias, ha llegado el momento de partir y que una ayuda inesperada no os llegará en el último momento? "

- Se entiende que, en circunstancias ordinarias, el suicidio es reprensible; pero suponemos el caso en el que la muerte es inevitable, y en el que la vida solo se acorta unos instantes...

"Es siempre una falta de resignación y sumisión a la voluntad del Creador."

- ¿Cuáles son, en tal caso, las consecuencias de este acto?

"Una expiación proporcionada a la gravedad del delito y, como siempre, según las circunstancias."

954. - ¿Es innecesariamente reprobable cualquier imprudencia que comprometa la vida?

"No hay culpabilidad cuando no hay intención y conciencia de hacer el mal."

955. - ¿Pueden ser consideradas suicidas y sufrir las consecuencias de este acto como tales las mujeres que, en determinados países, voluntariamente se queman en el cuerpo de sus maridos?

"Obedecen a un prejuicio y muchas veces recurren a la fuerza más que a su propia voluntad. Creen que cumplen con un deber, y esa no es la naturaleza del suicidio. Su excusa radica en la nulidad moral y la ignorancia de la mayoría de ellos. Estos usos bárbaros y estúpidos desaparecen con la civilización."

956. - ¿Logra su fin quien, no sabiendo soportar la pérdida de sus seres queridos, se mata con la esperanza de encontrarlos?

"El resultado es totalmente diferente al que esperan, y en lugar de reunirse con el objeto de su cariño, se alejan de él por mucho más tiempo, porque Dios no puede recompensar un acto de cobardía, ni el insulto que le inflige providencia. Pagarán este momento de locura con dolores mayores que los que creen que acortará, y no recibirán en compensación de estos dolores la satisfacción que esperaban."

957.- ¿Cuáles son, en general, las consecuencias del suicidio en el mundo espiritual?

"Las consecuencias del suicidio son muy diversas: no hay penas fijas y, en todos los casos, son siempre relativas a las causas que lo provocaron; hay; sin embargo, una consecuencia de la que el suicida no puede escapar: la decepción. La suerte no es igual para todos: depende de las circunstancias; unos expían su falta inmediatamente, otros en una nueva existencia, que será peor que aquella cuyo curso interrumpieron."

De hecho, la observación muestra que los efectos del suicidio no son idénticos. Hay algunas; sin embargo, comunes a todos los casos de muerte violenta y que son consecuencia de la interrupción repentina de la vida. En primer lugar, la persistencia más prolongada y tenaz del vínculo que une al espíritu con el cuerpo, ya que este vínculo casi siempre se encuentra en toda su fuerza en el momento de su ruptura, mientras que, en el caso de la muerte natural, se debilita. gradualmente y a menudo se desmorona antes que la vida se haya extinguido por completo.

Las consecuencias de este estado de cosas son la prolongación de la perturbación espiritual, seguida de la ilusión en la que, durante más o menos tiempo, el espíritu mantiene que todavía pertenece al número de los vivos.

La afinidad que queda entre el espíritu y el cuerpo produce, en algunos suicidios, una especie de repercusión del estado del cuerpo sobre el espíritu, quien, a su pesar, siente los efectos de la descomposición, resultando en un sentimiento de plenitud, angustia y horror, estado que también puede durar lo que debe durar la vida que fue interrumpida. Este efecto no es general; pero, bajo ninguna circunstancia, el ciudadano queda exento de las consecuencias de su falta de coraje y, tarde o temprano, expía, de una manera u otra, la culpa en que ha incurrido. Así es como ciertos espíritus, muy desafortunados en la Tierra, dijeron que se habían suicidado en su existencia anterior y se sometieron voluntariamente a nuevas pruebas, para tratar de soportarlas con más resignación. En algunos existe una especie de conexión con la materia, de la que intentan inútilmente deshacerse para volar a mundos mejores, cuyo acceso; sin embargo, les sigue prohibido. La mayoría sufre el arrepentimiento de haber hecho algo inútil, pues solo encuentra desilusión.

La religión, la moral y todas las filosofías condenan el suicidio como contrario a las leyes de la naturaleza. Todos nos dicen, en principio, que nadie tiene derecho a acortar su vida voluntariamente. Sin embargo, ¿por qué no tenemos este derecho? ¿Por qué el hombre no es libre de poner fin a su sufrimiento? El Espiritismo se reservaba para demostrar, con el ejemplo de quienes sucumbieron, que el suicidio no es una falta solo porque constituye una infracción de una ley moral, una consideración de poco peso para ciertos individuos, sino también un acto estúpido, ya que quienes lo practican no gana nada, más bien, sucede lo contrario, ya que se nos enseña, no la teoría, sino los hechos que él nos presenta."

Sobre el auto homicidio enseña J. - B. Roustaing en el volumen IV de "*Los Cuatro Evangelios*", páginas 548- 50:

- "El hombre que se deja arrastrar al suicidio utiliza su libre albedrío, ya sea cuando ataca la vida de cualquier manera, ya sea cuando guarda el arma que se había apuntado, ya sea cuando renuncia al proyecto de suicidarse y al tipo de muerte que había elegido, pero si el tiempo que él, al tomar sus resoluciones espiritistas, fijó para la muerte, es y sigue siendo irrevocable, porque, por su parte, todas las obligaciones que necesitaba cumplir para que su cuerpo durara hasta el final de sus pruebas, los espíritus encargados de velar por su cumplimiento prepararán y pondrán a su disposición los medios adecuados para evitar la muerte: el suicida abortará, será salvo. No se debe concluir de esto que el hombre puede seguir impunemente su inclinación al suicidio y ceder a ella, atentando contra su propia vida, porque, por un lado, el suicidio es un crimen ante Dios y, por otro, el hombre no sabe si ha llegado o no el momento de su partida.

La duración de la vida es limitada, pero el libre albedrío del hombre puede hacerle sucumbir al mal pensamiento de interrumpir - él mismo - el curso de su existencia, o llevarlo a dominar este arrastre culpable. El que se suicida, muera por asesinato o de cualquier otra forma, siempre morirá, pero de otra manera, naturalmente, siempre que le llegue el momento de partir, ya sea porque ha llegado al límite natural marcado para el fin de su vida humana que sigue su curso regular, ya sea porque sus pruebas alcanzaron el fin que él mismo se propuso al tomar sus resoluciones espiritistas, o, finalmente, porque, con sus acciones, violó las obligaciones que debía cumplir, para que su cuerpo durase hasta fin de esas pruebas.

Cediendo a la resistencia que tuvo que luchar, el tipo de muerte a la que sucumbió fue su elección, pero se fue porque había llegado el momento de irse. Si hubiera luchado contra las inclinaciones que le impulsaban a suicidarse, habría ganado la carrera, no habría estado condenado a empezar de nuevo en las mismas condiciones.

El sentimiento que induce a un hombre a suicidarse no surge en él instantáneamente. Es un germen que se desarrolla, como debido a una tendencia que constituye una prueba que necesita triunfar. Si, en lugar de combatir esta tendencia, un hombre cede, muere culpable: ha quebrado. Si, en lugar de rendirse a él, inviertes contra la idea de destruir la existencia que el Señor te ha concedido, la hora de la liberación, cuando llegue, te encontrará exento de la mancha de una mala acción y de los malos pensamientos. que lo han causado.

Al combatir las tendencias que lo impulsaron a la autodestrucción, evitando la serie de acontecimientos que podrían llevarlo a tal acto de desesperación, la víctima del suicidio habría podido evitar el crimen.

El hombre puede evitarlo, ya que puede, con la fuerza de su voluntad, repeler las tentaciones.

Quien opte por resistir la tendencia al suicidio, como prueba, puede salir victorioso de la lucha. La bondad de Dios le proporciona los medios; a él le corresponde alcanzar la victoria, porque, en las pruebas en las que el hombre, para purificar su espíritu en el crisol de la reencarnación, está llamado a superar sus tendencias, Dios le deja la libertad de elegir entre el bien y el mal.

Así, siempre hay lucha y posibilidades de triunfo o derrota.

Ya sea que sucumba a la prueba del suicidio o triunfe sobre ella, siempre muere en el momento adecuado; es decir, cuando le llega el momento de partir, en una de las formas que acabamos de resaltar; pero Dios, conociendo todas las cosas, a través de su infinita sabiduría y presciencia, ve si el hombre vencerá o sucumbirá. Si hay que salir victoriosos, el Señor, por mediación de los espíritus designados para velar por la ejecución de las pruebas, prepara circunstancias que provocan un final natural; si tiene que sucumbir a la prueba, el Señor permite, en la inviolabilidad de su libre albedrío, que el hombre complete la obra criminal, dando a su existencia el fin que él mismo preparó y que constituirá un acto culpable de su voluntad.

Esto es lo que se puede decir sobre este momento de la muerte, que si fuera, como algunos lo consideran erróneamente, absolutamente fatal y, en todos los casos, constituiría un ataque al libre albedrío del hombre e implicaría inevitablemente la idea del fatalismo."

Sin embargo, no se debe juzgar que la condena del suicidio - sobre la base de deberes superiores que vinculan a la criatura a la vida - sea claramente de naturaleza religiosa. Jean- Jacques Rousseau, tan celebrado por millones de admiradores de sus hermosas teorías, dejó períodos inmortales llenos de elocuencia y sentimiento - "*Nueva Eloísa*", III, XXII -, condenando el suicidio, para afirmar que la vida - donde los bienes se mezclan con los males - no cambia, sino los individuos, en cuya mala disposición reside todo mal. El individuo se corrige, se abstiene de exagerar, cumple con sus deberes para con la sociedad, para con la patria, a cambio de lo que recibió en términos de seguridad y educación, y encontrará una razón para vivir. El suicidio "es una muerte vergonzosa y furtiva; es un robo hecho al género humano."

De hecho, esta conformidad con las contingencias ineluctables de la vida se enseña de manera sintética y concisa en media docena de líneas, en "*Emílio*", de la siguiente manera:

- "La primera ley de la resignación nos llega de la naturaleza. Los salvajes y los animales luchan poco contra la muerte y la soportan casi sin pesar."

Es del abuso de nuestras facultades de donde surgen nuestra desgracia y nuestra maldad. El hombre, activo y libre, actúa por sí solo; todo lo que hace libremente está fuera del sistema ordenado por la Providencia, y no puede atribuirse a ella. . El mal que hace el hombre cuando abusa de la libertad que le ha sido dada no está en la voluntad de Dios, porque el hombre fue hecho libre para hacer no el mal, sino el bien, por su propia elección. La felicidad suprema consiste en estar contento con uno mismo, y era merecer la felicidad que vinimos a la Tierra y fuimos dotados de libre albedrío, y somos tentados por las pasiones, y quebrados por la conciencia."

Son muchos y variados los aspectos curiosos del suicidio, dependiendo de la moral y la mentalidad de las personas y de las épocas, susceptibles de transformaciones, a medida que evoluciona el concepto de vida, con la experiencia y la educación, con el progreso, en definitiva.

En todo momento, en todas las comunidades, la muerte voluntaria ha sido llevada a cabo por hombres de diversas jerarquías, ilustres o rústicos, por causas muy diversas, incluso por razones de orden religioso - fanático."

Para ofrecer noticias completas de tal variedad sería necesario un verdadero tratado, fuera del molde de un pequeño registro destinado a alertar a los espíritus desanimados sobre las saludables advertencias que se conocen y reciben sobre los martirios de los suicidas.

Sería incluso imprescindible entrar incluso en el campo de la Medicina, y retroceder algunos siglos antes de nuestra era, donde encontramos la figura inconfundible del erudito filósofo griego: Demócrito, el "divino materialista", que se autodenomina suicida.

La documentación sería larga y copiosa, para que fuera completa.

Uno de estos aspectos, por ejemplo, merece la pena destacar, por interesante y un tanto paradójico: el suicidio por venganza.

Tan extraña manera de sacrificar la vida tiene su origen en la creencia típicamente oriental que el alma no perece con la muerte del cuerpo, sino que continúa participando en la vida de sus amigos o enemigos, todo dependiendo de la situación en la que se encuentre. El suicidio abandonó la Tierra, y sigue en armonía con los sentimientos que caracterizan las personalidades de cada uno.

En las antiguas civilizaciones de la India y China, esta práctica criminal tenía jurisdicciones de derecho consuetudinario.

Toda persona perseguida o desesperada que tenía su situación motivada por alguien más, y contra ese alguien - más poderoso - no podía hacer nada, recurría al suicidio, dejando, verbalmente o por escrito, la acusación contra la persona que provocó este acto de muerte, así esa repulsión general o la ley recaerían entonces con sus rigores sobre el asesino involuntario. Además: siempre que sea posible, la víctima se suicidará en la puerta de la residencia o establecimiento del torturador o enemigo objetivo.

El Dr. Matignon, médico militar, que estuvo adscrito a la Legación francesa en China, tiene, en el libro que escribió sobre ese país, curiosas observaciones sobre la verdadera epidemia de suicidios que allí se produce.

- "Es un hecho bien conocido, dice, que los chinos - y por lo tanto todos los orientales - no temen a la muerte y hacen muy poco de la vida, lo que se puede resumir en un precepto típico al que dan amplia difusión y aceptación:

"Naces, vives, mueres. La vida me pesa, me deshago de ese peso que no tiene importancia para mí y menos para los demás."

Su poca sensibilidad al dolor físico - que según el Dr. Matignon se constata en los copiosos servicios hospitalarios, cuando se realizan cirugías menores -, combinada con la nula incertidumbre sobre la vida Más Allá de la Tumba, hace que la muerte voluntaria sea algo banal entre ellos, incluso ocurriendo en el mundo caso de alguien que sustituya a los condenados, con una remuneración y la promesa de "un buen entierro"- particularidad que influye absolutamente en el humor de los chinos. Un funeral pomposo es para ellos el mayor pasaporte a la eternidad.

Cuando hubo una masacre de europeos en Tien - Tsin en 1870, nos dice el Dr. Matignon, los tribunales declararon culpables a algunos mandarines, que alentaron la matanza, y los condenaron a muerte. Bueno: ninguno fue ejecutado. Un cierto número de mendigos y prisioneros aceptaron sufrir el castigo, en lugar de los culpables, por un precio de 500 a 600 francos y un hermoso funeral.

De ahí que la expansión de la idea y el acto del suicidio se volvieran casi banales en el antiguo Imperio Celeste.

Un viejo misionero que vivió allí durante mucho tiempo estimó el número de suicidios en 1 por cada 3.000 habitantes, lo que corresponde a 130.000 por año, calculando al menos la población china: 400 millones de almas.

¿No es este insignificante detalle uno de los contingentes que contribuyen al ambiente de sufrimiento y desgracia del pueblo chino, tan lleno de glorias y envidiables cualidades de coraje, desinterés y sabiduría?

¿No es el aura de estos espíritus insatisfechos, enojados, odiosos, ávidos de venganza, luchas sangrientas, disolución de armonías y uniones, influenciando los ambientes domésticos, e incluso muchos aspectos sociales?

La expansión de la idea malsana condujo naturalmente al suicidio en todas las mentalidades, incluidas la especulación y la venganza, formas que ya interesan al derecho, la justicia y la sanción penal.

El miedo que provocan estas formas aberrantes de suicidio es a veces hábilmente aprovechado para regular situaciones difíciles - económicas, principalmente -, y convertido en un perfecto chantaje.

Un hombre de negocios plagado de compromisos, en vísperas de la quiebra, anuncia a todos los que puede que está decidido a suicidarse para satisfacer a sus acreedores. Luego, aparentemente, prepara la cuerda, coloca el lazo, coloca el taburete en su lugar y se prepara a morir, antes de tomar la astuta precaución de enviar a sus hijos a la casa de los principales acreedores, para hacerles saber la resolución paterna.

Sabiendo esto, corren hacia la casa del casi suicida y, delante de él, con una cuerda al cuello, acaban perdonando la mayor parte de sus deudas. Esto se debe a que el suicidio, cometido con acusación contra alguien, constituye un tema terrible para el destinatario de la acusación.

La justicia china es extremadamente cara, incluso ruinosa, por no hablar de los malos tratos que, desde hace muchos meses, se infligen en las cárceles.

Hay casos en los que, para evitar la ruina de sus seres queridos y la dolorosa situación de ser acusados, como fue el caso del suicidio, también se suicidan. Estos casos de muertes por rebote son bien conocidos.

El suicidio por venganza parece muy natural para los chinos.

El único arrepentimiento que se conoce acerca de estos suicidios es que no pueden repetir su suicidio.

Se cuenta el caso de un hombre que al momento de tal acto lamentó las circunstancias que no le permitieron suicidarse frente a la casa de su amigo, dos de sus enemigos y lo obligó a limitarse a uno de ellos - narra el Dr. Matignon.

Los suicidas por venganza toman precauciones para que su muerte dé los frutos previstos. No solo se limitan a tal o cual modo de suicidio, sino que se cuidan de esconder, en el chaleco o en los zapatos, una especie de calumnia en la que explican los motivos que les llevaron a tomar la decisión extrema y denunciar ante el Tribunal a la persona que causó el suicidio - muerte. Esta función recae en la autoridad pericial responsable del primer examen cadavérico.

Vale la pena señalar un detalle de refinada premeditación. Ciertos suicidas, temerosos que les roben su requisa y, en tal caso, el Tribunal no pueda darles la satisfacción póstuma esperada, la escriben en su piel, con la previa certeza que nadie la borrará, como una creencia china pretende que es imposible borrar los caracteres trazados en la piel de un muerto.

Sin embargo, los intentos de venganza mediante el suicidio no siempre tienen éxito.

El Dr. Matignon narra el caso auténtico de una mujer pobre que, perseguida por un usurero despiadado, un día tragó una dosis mortal de opio, y se dirigió a la oficina de su perseguidor, con la intención de morir allí.

El onzenario; sin embargo, al darse cuenta del estado y las intenciones de la visitante, cerró las puertas y, con la ayuda de sus sirvientes, la asesinó de un solo golpe, luego, por la noche, llevó el cadáver a un lugar lejano, debajo del muro de la ciudad.

El miedo a la venganza del muerto sirve a veces como defensa contra los ladrones. Simón, en "Ciudad China", cuenta que cierto hombre cruzaba un puente, llevando una gran cantidad de *sapeques* - una moneda perforada en el centro y llevada en hilos -, cuando fue asaltado por otro, quien le robó su dinero.

– ¡Ladrón, dame mi botín! El otro no respondió.

– Ladrón, si no me devuelves mi dinero me ahogaré.

Al escuchar la amenaza, el ladrón devolvió las monedas a su dueño. Y comenta: ¡Hermoso país donde el miedo al suicidio puede sustituir económicamente a la Policía!

Sin embargo, el comentario irónico es injusto y no tiene razón de existir, ya que el temor a la acción vengadora de los espíritus, contra sus verdugos o enemigos, es muy remoto y ha sido enseñado desde la India, antigua fuente religiosa de tantos pueblos.

Y sabemos, hasta el día de hoy, el peligro de contribuir a la muerte de alguien que nos odia. ¡Ay de quien provoque suicidio!

Los testimonios están registrados por autores insospechados.

El Dr. Charles Letourneau, el exquisito escritor y príncipe del materialismo científico, refiere - "*Sociología*", ed. 1880, p. 158 -, tratando sobre la India, que en el caso de perder un pleito, el sufrimiento o el sufrimiento inminente son una injusticia, se recurre al suicidio para que la sangre de la víctima cayera sobre la persona que causaba el daño.

Un vecino del distrito de Gazipur - Indostan -, despojado de sus tierras por sentencia judicial, llevó a su esposa al lugar y allí la hizo suicidarse, quemándola viva, para que su espíritu quedara atrapado en esa tierra, convirtiéndola en maldita.

Antes de la conquista inglesa, el recurso supremo de la población contra la tiranía de los rajás era reunirse frente al palacio del señor y dejarse morir de hambre - si era necesario- si no eran atendidos.

Esta forma de suicidio colectivo se llama hoy en día "huelga de hambre" o, más eufemísticamente, "resistencia pasiva."

Muchos, innumerables e insospechados autores aseguran el peligro y la nocividad de la acción persecutoria de los espíritus de las personas asesinadas y suicidas.

Addison, profesor de la Escuela Teológica Episcopal de Cambridge - Massachusetts -, en su libro "*La vida después de la muerte*", dice:

- "Es un hábito constante que los fantasmas regresen para rondar la escena del crimen y atormentar al criminal, hasta que confiesa y paga, con su propia sangre, la sangre que derramó.

El fantasma del suicidio es aun peor.

Su acto contra la naturaleza, al dejarlo insatisfecho, lo llenó de mal humor y malignidad. Puede ser un peligro para cualquier persona viva, o simplemente para un enemigo contra el cual tiene un agravio muy personal.

Se cree comúnmente, me parece, que, después del suicidio, el espíritu perseguirá a la persona que le ha causado daño y que, por tanto, le ha reducido al extremo de poner fin a sus días. Por tanto, es necesario contar entre los factores del suicidio una incitación suficiente para determinarlo: por despecho."

Entre los indígenas de Rodesia del Norte, por ejemplo, cuando un hombre que ha sido herido no obtiene una indemnización correspondiente al daño sufrido, va a la casa de su adversario y le dice: Voy a matarme y apareceré, otra vez, como espíritu maligno, para atormentarte.

El mismo motivo de venganza se alega a veces en la India, para explicar algún suicidio ocasional, como el del brahmán, que se arrojó a un pozo, para que, a partir de entonces, su espíritu pudiera perseguir a su prójimo.

Y, perseverantemente, los chinos, a lo largo de los siglos, se han ahorcado en la puerta de su enemigo.

Por muy duro que sea este medicamento para la persona suicida, se supone que lo es aun más para la "víctima viva."

Fuera de las elocuentes y auténticas lecciones del Espiritismo, ¡es difícil para cualquiera comprender el peligro y las penurias a que está expuesto, si tiene enemigos o víctimas rencorosas entre los espíritus!

Esta persecución, en efecto, tiene diferentes grados que los espíritus realizan según el resultado que pueden obtener contra aquellos a quienes persiguen. Innumerables testimonios certifican que los espíritus de los asesinados regresan, por regla general, para acusar a sus asesinos, ya sea denunciándolos - por medios eficaces de convicción, ya sea mostrándose - materializados - para atormentar a los criminales, que sufren así horriblemente, habiendo ante la vista el fantasma de su víctima, y, no en raras ocasiones, la escena del crimen está descaradamente cruda.

Otras veces, por razones que escapan a la insuperable ignorancia humana en estas materias, el espíritu de quien perece por muerte violenta permanece errante, y durante mucho tiempo, fijo, en algunos casos, en un lugar predilecto, acechando a los transeúntes desprevenidos o incluso atacándolo, cuando desobedecen sus órdenes y casi siempre advertencias inaudibles.

En otros casos, el espíritu adverso - incluso uno de enemistad de reencarnaciones anteriores - persigue a su víctima sugiriéndole ideas enfermizas, crímenes e incluso auto homicidio.

Narraciones rápidas, extraídas al azar de miles de acontecimientos ocurridos en todos los continentes de la Tierra, darán una idea de lo que deseamos demostrar, presentando el acontecimiento de manera que todos, fuera del espíritu de una secta religiosa, lo estudien, lo acepten y lo expliquen mejor, si pueden.

He aquí uno de estos casos, ocurrido en Araranguá, Estado de Santa Catarina, en 1919, una narración en la que dejamos el mismo lenguaje sencillo utilizado por el periódico de allí:

- "Johann Freündel, joven, soltero, de nacionalidad alemana, trabajador y honesto, tras la muerte de su padre, se vio obligado a vivir solo, cultivando la tierra, pero obteniendo siempre una cosecha abundante, además del enorme ganado que tenía. Sin embargo, sufrió ataques epilépticos[5].

El 22 de noviembre, a última hora del día, la casa de Johann permaneció a puertas cerradas; decidieron llamarlo, suponiendo que estaba enfermo o todavía dormía. Cuando entraron en la casa, encontraron el cadáver del infortunado joven bañado en sangre, degollado y con señales de unas cuarenta puñaladas.

Una vez consumado el crimen, se comprobó que muebles, cajones, armarios, etc. habían sido asaltados y faltaban varios objetos, así como animales por valor de 400.000 dólares que Johann había vendido días antes.

Inmediatamente se sospechó que el robo fueron los muebles involucrados en el crimen. Se pensaba que el autor era un vecino de Freündel, llamado Natalício Américo, ya que a veces iba a casa de Freündel por las noches a jugar.

---

[5] Un ataque epiléptico es un trance mediúmnico de bajo nivel, asociación de dos mentes desequilibradas que están atrapadas, uno encarnado y otro desencarnado, unidos entre sí. (André Luiz - *En los Dominios de la Mediumnidad* - 1.ª edición FEB, página 72.)

A media legua de la casa donde se cometió el crimen vive don Manuel Emerino con su familia, quienes gozan de estima y consideración general. Esta familia tiene en su compañía a una niña de 14 años, muy dulce, y querida por sus padres adoptivos. Cuando ella supo del asesinato quedó muy conmovida, aunque no conocía al joven.

Quince días después, durante tres noches consecutivas, vio una luz en su habitación, en forma de pequeña estrella. La cuarta noche, notó frente a ella la formación de una figura, al principio casi transparente, luego más visible, hasta materializarse por completo. Esta figura empezó a hablarle en un alemán que ella no entendía. Para no enfrentarse más al espíritu, volvió la cara, pero el espíritu se acercó y la golpeó en el hombro. Llamó a sus padres y les contó lo sucedido, pero ellos pensaron que era un sueño.

La noche siguiente ocurrió el mismo fenómeno, y al día siguiente la niña se sintió triste, abatida, y en un momento cayó en "trance", hablando alemán. Los presentes no la entendieron y decidieron llamar a un alemán, quien habló largamente con el espíritu incorporado en la médium.

Fue Johann Freündel, quien denunció al criminal, que dijo era Natalício Américo, y narró todo lo sucedido durante la dolorosa escena, los objetos robados, entre ellos los 400.000 dólares, y también contó otras cosas que fueron ignoradas.

El jefe de policía, presente en la manifestación, nombró un intérprete y tomó nuevas declaraciones del espíritu. Poco después, la niña mejoró.

Al día siguiente volvió a caer en trance, con la boca abierta, casi sin movimiento en los brazos, los dedos rígidos, mostrando todas las características de Freündel cuando tenía ataques.

Los asistentes le pidieron que hablara en portugués, ya que allí no había nadie que entendiera alemán. Freündel empezó entonces a hablar portugués, pero tan mal que solo se entendían una o dos palabras.

Al día siguiente, la familia Emerino mandó llamar a nuestro cohermano Bernardino de Campos, quien tuvo una larga charla doctrinaria con el espíritu.

Freündel le dijo a Bernardino que se vengaría de quienes dudaban de sus comunicaciones y juzgaban injustamente a la niña.

De hecho, dos no creyentes, que rechazaron con arrogancia las manifestaciones por considerarlas una farsa, tuvieron pruebas claras de la presencia de Freündel en sus casas, quien creó allí un gran revuelo, dejando a sus familias completamente aterrorizadas. Uno de ellos incluso salió de casa.

El espíritu Freündel fue visto entonces junto a la niña, aunque ella dormía tranquilamente en casa de sus padres.

Últimamente, la niña ya no ha caído en un "trance", sino que se han desarrollado "mediumnismos visuales y auditivos." La joven siempre ve a Johann Freündel a su lado y habla con él durante horas."

Bajo los títulos siguientes, el prestigioso vespertino "A Noite", del 8 de enero de 1935, insertó lo siguiente, que nos abstenemos de resumir:

"Se informó a Prisión, Diez Años Después"

"¡Me rindo porque ya no puedo dormir ni comer!"

S. PAULO, 7 años - De la Seccional de "A Noite" - Como telegrafiamos ayer, se entregó a prisión, se presentó ante el Delegado de Seguridad Pública, Dr. Durval Vilalva, Francisco Alves, quien, en el año 1924, envenenó a un compañero de habitación en una casa de huéspedes en la isla de Caju, en Rio. El caso sigue siendo un misterio hasta el día de hoy, porque el asesinato se hizo pasar por una muerte natural. Con la presentación de Francisco Alves ante la Secretaría de Seguridad Pública, se esclarece otro crimen, gracias al poder del remordimiento. Pasaron diez años y Francisco no podía olvidar la terrible escena: ¡su compañero de cuarto retorciéndose de dolor, después de haberle dado, como medicina, una pastilla de estricnina!

Temblando, con barba de varios días, gafas fueres sobre ojos apagados, el hombre se presentó en la Comisaría de Seguridad Pública pidiendo hablar con el doctor Durval Vilalva. En presencia del Delegado, dejó caer los brazos y dijo:

- Doctor, vengo a presentarme en prisión...

Su voz era débil y llena de emoción. El hombre parecía un sonámbulo. Sus movimientos eran mecánicos y hablaba con dificultad.

- ¿Quién eres? - Preguntó el doctor Durval Vilalva.

- Soy Francisco Alves... tengo 50 años... estoy desempleado... - Y después de girar el sombrero en sus manos dijo:

- Maté a un compañero de cuarto hace diez años. Fue malo conmigo; pero a pesar de ello el remordimiento no me abandonó y… ¡lo que vivo no es vida! ¡Me entrego a la cárcel porque ya no puedo comer ni dormir!

Declaró que en 1924 llegó a Río, procedente de Minas, su tierra natal. Quería conseguir un trabajo. Sabía que en la Isla Caju podría solucionar su vida. Se fue a hospedar a una casa de huéspedes que cobraba precios módicos por noche. No había habitación libre, y por eso terminó viviendo en la misma habitación que un hombre de su edad, llamado João.

Unos días más tarde, le prometieron un trabajo en una tienda de textiles. Se suponía que a la mañana siguiente hablaría con el dueño del almacén para conseguir el trabajo. Al llegar a la pensión, le contó la historia a su compañero de cuarto. João hizo un gesto injusto. Al día siguiente, antes de ir a la tienda, acudió al dueño y le contó varias infamias sobre la persona de su compañero, y se recomendó para el puesto. Consiguió el trabajo. Cuando él, Francisco, llegó al almacén, el lugar estaba ocupado. Se enteró de toda la historia, y cuando habló con João, explicándole su procedimiento, respondió cínicamente: "¡El mundo es de las águilas!"

A pesar del comportamiento indigno de João, éste siguió viviendo con él, en la misma habitación de la pensión. Sin embargo, cada día el deseo de vengarse lo excitaba más y más. Pensó en matar a su compañero. Con ese pensamiento, se fue una tarde. Buscó a un amigo, un farmacéutico de Praia Vermelha, y le pidió una pastilla de estricnina. Le dije que quería matar un perro. El amigo le proporcionó el veneno. Lo tuvo en el bolsillo durante varios días esperando una oportunidad oportuna. Una noche, João regresó a la pensión con fuertes dolores de estómago y le preguntó si no tenía algún medicamento para combatir la enfermedad.

- Tengo uno formidable. ¡Esta es la medicina! - Le dijo a João, presentándole la pastilla.

El compañero la tragó y sus efectos fueron instantáneos. Le sacudieron terribles convulsiones. El dueño de la pensión acudió y ante la gravedad del caso pidió ayuda médica. Pero ya era demasiado tarde: poco después, João falleció.

Temiendo que hubiera complicaciones conmigo - continúa -, salí de la pensión y me dirigí a Río, sin regresar jamás a la isla Caju. Vine a S. Paulo y encontré trabajo aquí.

En 1930 quedé desempleado y la vida empezó a ser dura. Incluso pasé hambre. Se me ocurrió que tal vez esto fuera un castigo por mi crimen. Empecé a quedar tan impresionado que una noche tomé una dosis de heroína. Me arrepentí a tiempo y bebí un vomitorio que me salvó del peligro.

Con una pálida risa, Francisco relata su alegría por haber escapado de la muerte:

- Salí, puedo decir, de la muerte a la vida de nuevas esperanzas. Recé por mi paz y afronté la realidad con firmeza de ánimo.

Parecía que Dios me había perdonado, porque, unos días más tarde, gané 20.000,000 en la Lotería. Me alegré de la felicidad de aquel destino y dije: Alabado sea Dios que me ayuda en un momento de tanto pesar." Pero los 20.000,000 se fueron en 3 años, si no fuera cierto el dicho que dice "dinero eso no se gana con esfuerzo, no dura..." Luego fui a Mogi das Cruzes, donde conseguí un trabajo. Hace 4 meses quedé en paro.

Las terribles visiones volvieron a mí. Vi a João por todas partes. En la pared, al lado de mi cama, incluso en la calle, retorciéndose de dolor, bajo la influencia de la estricnina. También llegaron las horribles pesadillas. Mi antiguo compañero de cuarto, con expresión trágica y con los brazos frente a mí, suplicando ayuda.

Así era mi vida hace cuatro meses. Me despierto sudando frío. No tengo hambre, no encuentro alegría en ningún entretenimiento. Ayer grité: "¡Esto no es vida; es mejor el suicidio o la cárcel!" Según la religión, pensé que debía entregarme a las autoridades. Necesitaba tranquilizar mi conciencia y solo confesando mi crimen y sufriendo sus penas podré ahuyentar mi remordimiento.

Francisco Alves bajó la cabeza. Me conmoví. Se llevó la mano a los ojos, que estaban húmedos detrás de sus fuertes gafas."

Corroborando otro aspecto de la erraticidad, elegimos esta narración, honrada con un nombre ilustre y escrita por la exquisita prosa del gran Humberto de Campos. Es de su matutino favorito, el "Diário Carioca", del 24 de abril de 1932:

La Sombra de Manoel Antônio

- "Pensando en Manoel Bonfim, que duerme desde hace dos días el sueño de la muerte, manejo lentamente mi "Diario", en el que registré nuestras conferencias bajo el vasto emparrado de parras, en el Hotel D. Pedro, en Correas. Y encuentro, entre muchas otras, las notas que voy a transcribir, en un culto de mi espíritu a su memoria.

Viernes 10 de febrero de 1928 - El profesor de Psicología, Manoel Bonfim, me contó hace unos días en Correas, una historia para demostrar el efecto del miedo en los individuos, incluso en los más valientes.

En el camino que unía la finca de mi padre con otra finca vecina, y que era el mismo camino hacia el pueblo, en Sergipe - comenzó - había un tramo que, según la gente, estaba embrujado. Según era común, a altas horas de la noche, sobre todo los viernes, aparecía allí el alma de un caboclo local, Manoel Antônio, si no recuerdo mal su nombre, asesinado años antes en las inmediaciones. Decenas de personas ya habían visto al fantasma y desistieron de cruzar la calle de noche, regresando del camino. En la finca; sin embargo, había un caboclo, Raimundo, que era, como dicen en el sertón, "valiente como las armas." Valiente, decidido, intrépido, su reputación era una de las mejores entre todos los matones de la zona. Tenía reputación y era realmente valiente.

Una noche, un sábado - continúa Bonfim - después de terminar los trabajos en la finca, después de cenar, alrededor de las siete, apareció Raimundo con su caballo ensillado, listo para ir al pueblo, que estaba a unas tres leguas.

- ¡Mira si por el camino aparece Manoel Antônio! - Objetó mi primo, que era un niño.

El caboclo respondió con bravuconería, espoleó su caballo y se fue, desapareciendo en la curva del camino.

Una hora después, estábamos hablando en el mismo lugar, cuando vimos aparecer la figura de un caballero acercándose. Era Raimundo, que regresaba. Lo interrogamos con bromas, preguntándole si había tenido miedo de encontrarse con Manoel Antônio.

- Realmente no tenía miedo - nos respondió, visiblemente destrozado - ; pero de ver, lo vi.

Y poco a poco nos contó lo que le había pasado. Al llegar al punto del camino donde solía aparecer Manoel Antônio, una figura surgió del matorral y se paró en medio del camino. Le ordenó retirarse, pero la vista permaneció firme. Le había dado a su caballo una espuelazo para superarlo; el caballo; sin embargo, dio un respingo y retrocedió, sin obedecer las riendas. Y como estaba desarmado no había insistido.

Su narrativa nos silenció. Impasible sobre el caballo, el caboclo permaneció en silencio unos instantes. Reflexionó, tal vez sobre los efectos inevitables de aquella aventura, previendo la desaparición de su reputación de cabra valiente y decidida. La capitulación, en ese caso, ante lo sobrenatural, sería un suicidio. De repente, levantó el pecho, se apoyó en el animal que temblaba y declaró resueltamente:

- ¡Pero volveré allí! De un salto, desmontó. Entró en su habitación, tomó un buen trago de cachaza, se ató el machete a la cintura, se metió la botella en el cinturón y, a pesar de nuestro consejo de no ir, puso su pierna sobre el caballo, sacudió su sombrero de cuero y se fue al galope.

Dos horas después, estábamos todos conversando, aun en el patio de la casa, cuando vimos acercarse caminando el caballo de Raimundo. Arriba, caído hacia delante, con los pies en los estribos, la cabeza en el pomo de la silla y los brazos fláccidos rodeando el cuello del animal, llegó. Salimos a su encuentro.

- ¡Raimundo...! ¡Raimundo...! - Lo llamamos. Nos lo sacudimos. Ya estaba muerto.

Ordenamos que los animales estuvieran preparados - continúa Bonfim - y nos dispusimos, cinco o seis hombres, a investigar ese misterio. En el lugar donde solía aparecer el fantasma, había un tocón, al costado del camino. Junto al tocón, en el suelo, donde la arena removida daba señales de lucha, estaba la garrucha de Raimundo. Incrustada en el muñón, la hoja de su machete brillaba a la luz de la luna que acababa de salir."

Al contarme esta historia, Manoel Bonfim, el psicólogo, que la había iniciado con el objetivo de demostrar los efectos del terror preventivo, evitó, después de narrar el caso, sacar conclusiones. Lo dijo y guardó silencio. Desde hace dos días, el narrador de 1928 descansa, en los dominios del Misterio eterno. Y tal vez ya haya revelado el secreto de la muerte de aquel hombre.

Raimundo y, más aun, el que está a la sombra de Manoel Antônio...

Otro episodio, en el estilo y testimonio de uno de nuestros escritores más talentosos y encantadores, Viriato Correia, ilustre entre los ilustres de la Academia Brasileña de Letras:

- "Una noche, a dos kilómetros de mi casa, murió un viejo granjero querido por todo el pueblo. En el campo, la muerte de un vecino es siempre un acontecimiento. Es una práctica común que todos vayan a la casa del difunto, para crear allí lo que se llama la "habitación del difunto."

Fui, como todos, y me quedé allí hasta las dos de la madrugada. A las dos de la mañana me despedí para irme. Quería volver a casa, dormir. Al despedirme, en el patio, de unos indígenas que rondaban por allí, uno de ellos me preguntó con interés:

- ¿A dónde va?

- A casa, a dormir.

- ¿Solo, por aquí?

- ¿Por qué no? ¿No soy hombre?

María, una vieja mulata que me había conocido de niño, dijo con su voz arrastrada y en tono desdeñoso:

- Hay algo que dudo. ¡Debes dejar al difunto tirado en medio de la casa y alejarte por ese camino, solo, con una luz de luna blanca como ésta, hoy viernes, día en que las almas son libres! Hay algo de lo que dudo y hago poco. ¡Vuelve!

De repente sentí un shock. Se me erizó la piel, se me erizaron los pelos. Respondí con el ceño fruncido:

- ¡¿Soy un niño?!

Un paisano dijo, en broma, en medio del patio:

- Esta alma de otro mundo, ñá María, es para nosotros, los nativos, que no leemos en libros. Tu doctor no lo cree. No se meten con él.

- Ya volverá - repitió María, tranquilamente, fumando su pipa.

No di doscientos pasos. La luz de la Luna era blanca como la espuma del jabón. No hay nada más misterioso que la luz de la Luna, en una noche vieja, en el campo, blanqueando esos caminos solitarios.

No sé qué impresión fue la que se apoderó de mí, helándome los huesos, paralizándome los pies. No di doscientos pasos, no lo hice. Un miedo...

En las zonas rurales existe la creencia que quien inicia un "cuarto muerto" debe terminarlo; nunca se debe dejar el cuerpo en medio de la casa e ir a otro lugar. El alma del difunto nos perseguirá en el camino.

Pero yo era materialista, no creía ni podía creer en almas del otro mundo.

Lo cierto es que no podría dar doscientos pasos. La blancura de la Luna, la soledad del camino, las ramas y hojas de los árboles reflejando el brillo de la Luna, el canto de los pájaros nocturnos, el susurro del viento, todo, todo se infiltró en mí con tal cambio, con tal miedo, tal resfriado, una compresión en el pecho, un mareo en la cabeza, que volví, señores, me apresuré a regresar a la casa del difunto, donde había gente, mucha gente, y gente viva.

Los agricultores me recibieron con risas burlonas.

María, con la pipa en la boca, quedó encantada con mi fiasco, soltando una bocanada de humo.

- Sabía que volvería. Todas estas personas que estudian son así: desde el principio, valientes; pero en el momento, en el momento del coraje, ¿dónde está?"

Hay espíritus que, habiendo residido en un lugar u ocupado algún lugar durante mucho tiempo, no permiten que nadie se establezca allí, bajo pena de persecución, no siempre inofensiva.

Durante algunos lustros, un cohermano asistió a las sesiones de la Federación Espírita Brasileña, quien ocupó - invariablemente - la misma silla, en cierta parte del amplio salón, al frente, junto al estrado de la Presidencia. Desencarnado, bueno, nadie ha podido ocupar un asiento así durante mucho tiempo. En cuanto utilizó la silla empezó a sentirse mal, se agitó y, al poco tiempo, se puso de pie irresistiblemente. Si otra persona - ya que el lugar era estupendo para escuchar, viniera a sustituirlos, pasarían por el mismo estado de malestar, agitación y... tendrían que levantarse también.

Después de un tiempo, el fenómeno se hizo notorio y retiraron la silla.

Cuando se trata de vivienda, y especialmente de viviendas, el asunto suele volverse más grave y peligroso.

Las casas encantadas han existido desde todos los tiempos y están incluidas en los registros de todos los pueblos conocidos.

Cuando murió el célebre capitalista a quien Río de Janeiro conoció con el sobrenombre de "Pão Duro", la habitación donde el infortunado quedó sin comodidades materiales, dada su avaricia, fue ocupada por el dueño de la casa comercial ubicada en la planta baja del del edificio, número 1 de la Rua Visconde do Rio Branco, y por el director del establecimiento, un muy buen amigo.

Según todas las evidencias, el espíritu del desencarnado no concordaba con esta morada, pues el empresario fue atacado por enfermedades que lo llevaron a... la neurastenia - obsesión -, para terminar de manera tristemente trágica, en la línea de obsesiones debido a la persecución.

A las 5:10 horas del 10 de junio de 1934, tres empleados, ocupantes del edificio, fueron despertados por angustiosos gritos de auxilio, provenientes de la antigua habitación de "Pão Duro", ahora ocupada por el empresario Adriano Gonzales y su empleado y amigo, Herculano Lopes.

Estos breves períodos son del prestigioso "Jornal do Brasil", del 12 de junio:

- "Aun mareados por el sueño, se levantaron y respondieron al llamado. Precisamente desde esa habitación partieron.

Tocaron a la puerta y nadie respondió; pero los gritos de auxilio continuaron y los mencionados empleados pudieron distinguir claramente la voz del señor Herculano.

Después de consultarse con la mirada, los tres hombres, al instante, se dirigieron a la puerta, que estaba cerrada con llave.

Como la puerta era muy segura, tuvieron dificultades, pero lograron derribarla.

Asombrados, los tres hombres se detuvieron ante el cuadro que se les apareció.

Atracados en medio de la habitación estaban Adriano y Herculano.

El segundo, semidesnudo, presentaba un cuerpo bañado en sangre de las heridas que había recibido. Adriano, también bañado en sangre, presentaba una herida profunda en el cuello.

El empleado de la panadería, João Nogueira, fue el primero en lanzarse sobre los dos peleadores, con la intención de separarlos.

Fue entonces cuando vio a su jefe caer al suelo, inconsciente, con un cuchillo al costado.

El Comisario del Distrito 4, acompañado del funcionario de la misma Comisaría, acudió al Hospital de Emergencias, donde dio por concluidas las declaraciones de Herculano, que parecen ser ciertas. Dijo que vivía en el compartimento donde ocurrió el hecho, pues era soltero y buen amigo de su jefe.

Los dos hombres siempre vivieron en perfecto entendimiento.

Hace meses, Adriano, al caer enfermo, parecía muy neurasténico. Tuvo crisis nerviosas varias veces, llegando a estar bastante agitado.

Herculano dice que lo despertó un ruido en la habitación. Cuando abrió los ojos, encontró a su jefe y amigo completamente vestido, en el centro de la habitación, con una navaja en la mano.

Aun no se había recuperado de su asombro cuando lo escuchó decirle que no se moviera.

Adriano entonces, de un salto, llegó hasta la cama del declarante y comenzó a golpear en todas direcciones, con la navaja que tenía en la mano.

Con los pies y las mantas, Herculano intentó defenderse, resultando herido en numerosas ocasiones. Finalmente, gritando pidiendo ayuda, logró levantarse y luchar con su atacante.

Fue en ese momento que Adriano se golpeó en el cuello, cayendo al suelo. También fue en esa ocasión cuando los empleados de la panadería derribaron la puerta del dormitorio.

Las autoridades, al regresar de Emergencias, escucharon a doña Edith Martins, residente, con su esposo, en una habitación frente a la habitación donde ocurrió la tragedia.

Dijo la señora que al escuchar los gritos de auxilio abrió la ventana de su habitación y vio que Adriano, cuchillo en mano, atacaba desesperadamente a Herculano.

Estaba en la cama tratando de defenderse con los pies y las mantas. Fue entonces cuando notó que los empleados de la panadería ya estaban tocando la puerta del salón donde se desarrollaba la escena."

"Folha do Norte", el principal diario de la Amazonía, publicó en su edición del 19 de mayo de 1929: Lídia Bezerra de Oliveira tiene 28 años y aparenta ser mucho mayor debido a su físico destrozado.

Utiliza un pito[6] todavía al estilo del chio con cuerda[7], y tiene un ojo defectuoso.

Está casada con Pedro Augusto de Oliveira, residente en Vai de Cães.

Ayer fuimos a verla a la enfermería de Santa Luzia, en la Santa Casa de Misericordia, ayudando a barrer la habitación.

Fuimos a ver a Lídia, quien nos dijo que estaba allí en tratamiento, pero que el doctor Cascalho...

- ¿Quién?

- Realmente no sé el nombre.

- ¿Cascais?

---

[6] Pito: peinado antiguo, que entrelazaba una cinta en el cabello.

[7] Cirio con cuerda - alusión a la época en que la imagen de Nuestra Señora de Nazaret era llevada sobre un mármol tirado por cuerdas, por los fieles, en la procesión anual, en la famosa y tradicional fiesta que se celebra anualmente en Belém, Pará, en el mes de Octubre .

- Este. El doctor... ¿cómo es?

- Cascais.

- ...va a intentarlo mañana.

- ¿Cuál es su enfermedad?

- Tomé una dosis de "verde París." - Y ella se rio tímidamente.

- ¿Por qué?

- Por el isprito...

- ¿Es usted espírita?

- No. Ni siquiera pienso en eso.

Y la paciente nos informó que, en Vai de Cães, fue asediada por visiones nocturnas, por extraños habitantes de las sombras, que intentaron cargarla y le ordenaron suicidarse, por lo que ingirió la droga, por lo que terminó allí.

Lídia, a pesar de lo que nos contó, parece tener perfecto criterio, ya que no muestra ningún desequilibrio mental.

Además, nos dijo que sus visiones aparecían a menudo cuando todavía estaba despierta.

Hoy, completamente recuperada, la extraña mujer será dada de alta de esa residencia de ancianos.

Sin embargo, no siempre la obsesión ataca directamente, en un impulso momentáneo, sin causa aparente.

La idea de la muerte llega a través del desamor, a través de una serie de circunstancias que lógicamente llevan a la víctima al suicidio.

El rasgo identificativo de la obsesión sigue siendo; sin embargo, evidente para cualquiera que tenga ojos para ver: la casi inconsciencia del acto, la calma diametralmente opuesta al estado nervioso que debería manifestarse en la criatura al borde de un acto de desesperación.

Salvado por una embarcación de pescadores, uno de los que había sido enviado a muerte voluntaria fue presentado ante la

Policía Marítima, sin conocer peripecias suficientes para determinar el abandono de la vida.

Estos datos proceden de "A Noite", del 25 de abril de 1931:

- "Mi nombre es Márcio Gonçalves Reis, tengo 44 años, estoy casado, me dedico al comercio...

Interrumpido. Estaba claro que tenía algo más que decir. Insistieron para que continuara, y el infortunado completa la calificación:

- Quería morir... Ésta, si mal no recuerdo, es la tercera o cuarta vez que me suicido...

En la Policía Marítima entendieron que Márcio era un enfermo mental.

- Continúa. Di algo sobre tu vida. ¿Por qué cometiste estos gestos tantas veces?

- Soy un criminal. Estoy loco, de verdad. Digo la verdad. Una vez llegué a la vía por donde iba a pasar una locomotora. Antes de eso, bebí veneno. Éste falló...

- Y luego te desviaste...

- Quería morir. No me salí de la vía, pero la locomotora... se desvió a otra línea...

- ¿Y ahora, Marcio?

- Soy un prófugo del Asilo Judicial…

El hombre bajó la cabeza, al mismo tiempo puso su brazo izquierdo detrás de su espalda. Es una vieja costumbre suya. Márcio, de hecho, tiene una mano defectuosa de ese lado.

Y ya no habló más.

Todo era verdad. Márcio había intentado suicidarse ayer por tercera o cuarta vez. Nacido en São João de Meriti, donde puede haber familiares suyos, se fue de allí hace mucho tiempo. También cuenta que, hace unos siete años, intentó suicidarse por primera vez.

Por culpa de una novia, se pegó un tiro en la cabeza. Fue salvado. Luego viene la historia de la locomotora. Posteriormente, peleó con un rival. Lo mató. Encerrado, durante el proceso, los médicos comprobaron que padecía una enfermedad mental y lo enviaron al Asilo Judicial. Luego se escapó. No recuerda si fueron 15, 20, 30 días o más. Tampoco recuerda si viajaba en el ferry "Icaraí" o "Gragoatá", cuando ayer intentó nuevamente morir.

Esta mañana, cuando lo fotografiamos, el desgraciado Márcio no estaba de humor para hablar.

- Entonces, Márcio, ¿qué fue eso?

- Estaba flotando... me mojé todo...

Él simplemente respondió eso y, sonriendo, buscó el camino del ajedrez. En este otro ejemplo, aunque el espíritu fue trabajado por una razón llevada a la exageración, reflexivamente, estimulada a parpadear en el estado de ánimo de la víctima, se nota también la antítesis perfecta entre el estado consistente con el brutal y horroroso proceso del suicidio, y la calma tranquila, sonriendo desde el obsesionado.

También pertenecen a "A Noite", de 18 de marzo de 1929, las siguientes líneas:

- "Hubo dos casos de suicidio con dinamita aquí en Río. Uno, que parece haber sido el primero de este tipo, fue el de un tal Pegado, quien, estando internado en el Hospital de Enajenados, de donde a veces iba, a caminar, escribió una carta, diciendo que iba a hacer un viaje a la Luna, y, recostándose bajo un enorme y frondoso mango, en un terreno de la calle Conde de Bonfim, donde hoy está la calle Rego Lopes , se hizo una almohada con una bomba de dinamita, estaba fumando un cigarrillo hasta que, aprovechando el último fuego, encendió la bomba. La cabeza de Pegado se hizo añicos, y los fragmentos de su cráneo y sesos impactaron en las hojas del mango.

El segundo caso fue durante las obras del vertedero cerca de la laguna Rodrigo de Freitas. Un trabajador hizo estallar una bomba sobre la que estaba sentado.

Son raros, muy raros, gestos como el de este hombre que ayer, en Botafogo, puso fin a sus días. Pocas veces la crónica periodística registra un gesto tan excepcional, cometido con tanta flema y tanta tranquilidad de espíritu. El hombre sonrió en el momento de la muerte, con plena conciencia del acto y aspecto sereno.

Nadie, al verlo en esa posición, imaginaría que le iba a volar la cabeza con una bomba de dinamita.

Alfredo da Cunha Ferreira, trabajador de nacionalidad portuguesa y viudo, tenía 55 años y trabajaba como cavador en una cantera del Morro da Viúva. Vivía en la parte trasera de un restaurante en la Rua General Polidoro nº 266 y tenía como compañero de habitación a otro trabajador como él, llamado Raimundo Valente.

Hace un tiempo, cuando Ferreira buscaba su cadena de oro y su reloj en su habitación, se llevó una desagradable sorpresa: no los encontraba. Le preguntó a su compañero.

– ¡No vi tu reloj ni tu cadena, Ferreira!

El hombre pensó un rato y luego, saliendo, se dirigió a la comisaría local, que es el Distrito 7. Le dijo al comisario de día que esos objetos habían sido robados. La autoridad lo interrogó sobre si sospechaba de alguien.

– Sí: de mi compañero de cuarto, Raimundo Valente.

El investigador Dória fue a buscar a Valente y lo interrogó. Pareció sorprendido y luego indignado por la acusación. Esto no le salvó de "ser abusado sexualmente" durante unos días en la Comisaría, hasta que la policía determinó que la sospecha era infundada y puso en libertad a Valente.

Ferreira, informado de ello, comparte la opinión policial. De ahí la tribulación de su espíritu.

– Cometí una grave injusticia. Fue una desgracia lo que hice y Valente nunca podrá perdonarme.

Desde entonces no ha tenido tranquilidad, haciendo constantes referencias al hecho.

– ¡Que injusto! – exclamó hablando con sus amigos.

– ¡Acusar de tan feo crimen a un viejo amigo y compañero!

João Ferreira, hijo del trabajador, cuenta que él, más de una vez, dijo que o el ladrón de su reloj acabaría con su vida o acabaría con la vida del responsable del robo.

Un día exclamó:

– ¡Aun así aplicaré un tremendo castigo para reparar la acusación infundada que hice!

Y lo hizo.

Este castigo lo cumplió ayer, con la mayor tranquilidad, suicidándose de forma bárbara, con una flema indescriptible.

Alfredo da Cunha Ferreira llegó, alrededor de las cinco de la tarde, al bar J. Ferreira. Las personas que llegaron al lugar encontraron al infortunado tirado en el suelo, ¡con el cráneo destrozado! Se había colocado una bomba en la cabeza, cubriéndola con el sombrero, luego había colocado el cigarrillo encendido en la mecha y luego se había metido las manos en los bolsillos.

El infortunado era muy estimado en el barrio y muy respetado entre sus compañeros.

Para aquellos que se encuentran en las terribles cadenas del sufrimiento más amargo y severo, recuerden las elocuentes páginas de este libro. Oren, pidan la ayuda de los buenos espíritus, acepten la prueba y convénzanse que la rebelión ante la desventura solo sirve para aumentar y prolongar el dolor.

Pero, principalmente, repelen el ideal del suicidio, un crimen, una fuente de martirio indescriptible, reflejado elocuentemente en las narrativas instructivas de quienes cedieron a la tentación de tal idea.

Una enseñanza, después de todo, resulta de todo lo que se sabe a través de las lecciones de la experiencia pasada:

El suicidio es el comienzo del mayor tormento que puede sufrir un ser humano, porque permanece vivo - a pesar que el cuerpo esté muerto - y sin recibir ayuda ni alivio a su sufrimiento, pues este alivio solo llegará con el tiempo.

Nadie puede cambiar el orden natural de la vida. Cada ser nace y muere de forma natural, dentro de la evolución y tiempo que le corresponde.

Esta es la ley en el Universo. Loco el que quiera luchar contra ella.

Grandes Éxitos de Zibia Gasparetto

Con más de 20 millones de títulos vendidos, la autora ha contribuido para el fortalecimiento de la literatura espiritualista en el mercado editorial y para la popularización de la espiritualidad. Conozca más éxitos de la escritora.

Romances Dictados por el Espíritu Lucius

La Fuerza de la Vida

La Verdad de cada uno

La vida sabe lo que hace

Ella confió en la vida

Entre el Amor y la Guerra

Esmeralda

Espinas del Tiempo

Lazos Eternos

Nada es por Casualidad

Nadie es de Nadie

El Abogado de Dios

El Mañana a Dios pertenece

El Amor Venció

Encuentro Inesperado

Al borde del destino

El Astuto

El Morro de las Ilusiones

¿Dónde está Teresa?

Por las puertas del Corazón

Cuando la Vida escoge

Cuando llega la Hora

Cuando es necesario volver

Abriéndose para la Vida

Sin miedo de vivir

Solo el amor lo consigue

Todos Somos Inocentes

Todo tiene su precio

Todo valió la pena

Un amor de verdad

Venciendo el pasado

Otros éxitos de Andrés Luiz Ruiz y Lucius

Trilogía El Amor Jamás te Olvida

La Fuerza de la Bondad

Bajo las Manos de la Misericordia

Despidiéndose de la Tierra

Al Final de la Última Hora

Esculpiendo su Destino

Hay Flores sobre las Piedras

Los Peñascos son de Arena

Otros éxitos de Gilvanize Balbino Pereira

Linternas del Tiempo

Los Ángeles de Jade

El Horizonte de las Alondras

Cetros Partidos

Lágrimas del Sol

Salmos de Redención

Libros de Eliana Machado Coelho y Schellida

Corazones sin Destino

El Brillo de la Verdad

El Derecho de Ser Feliz

El Retorno

En el Silencio de las Pasiones

Fuerza para Recomenzar

La Certeza de la Victoria

La Conquista de la Paz

Lecciones que la Vida Ofrece

Más Fuerte que Nunca

Sin Reglas para Amar

Un Diario en el Tiempo

Un Motivo para Vivir

¡Eliana Machado Coelho y Schellida, Romances que cautivan, enseñan, conmueven y pueden cambiar tu vida!

Romances de Arandi Gomes Texeira y el Conde J.W. Rochester

El Condado de Lancaster

El Poder del Amor

El Proceso

La Pulsera de Cleopatra

La Reencarnación de una Reina

Ustedes son dioses

Libros de Marcelo Cezar y Marco Aurelio

El Amor es para los Fuertes

La Última Oportunidad

Nada es como Parece

Para Siempre Conmigo

Solo Dios lo Sabe

Tú haces el Mañana

Un Soplo de Ternura

Libros de Vera Kryzhanovskaia y JW Rochester

La Venganza del Judío
La Monja de los Casamientos
La Hija del Hechicero
La Flor del Pantano
La Ira Divina
La Leyenda del Castillo de Montignoso
La Muerte del Planeta
La Noche de San Bartolomé
La Venganza del Judío
Bienaventurados los pobres de espíritu
Cobra Capela
Dolores
Trilogía del Reino de las Sombras
De los Cielos a la Tierra
Episodios de la Vida de Tiberius
Hechizo Infernal
Herculanum
En la Frontera
Naema, la Bruja
En el Castillo de Escocia (Trilogía 2)
Nueva Era
El Elixir de la larga vida
El Faraón Mernephtah
Los Legisladores
Los Magos

El Terrible Fantasma

El Paraíso sin Adán

Romance de una Reina

Luminarias Checas

Narraciones Ocultas

La Monja de los Casamientos

Libros de Elisa Masselli

Siempre existe una razón

Nada queda sin respuesta

La vida está hecha de decisiones

La Misión de cada uno

Es necesario algo más

El Pasado no importa

El Destino en sus manos

Dios estaba con él

Cuando el pasado no pasa

Apenas comenzando

Libros de Vera Lúcia Marinzeck de Carvalho
y Patricia

Violetas en la Ventana
Viviendo en el Mundo de los Espíritus
La Casa del Escritor
El Vuelo de la Gaviota

Vera Lúcia Marinzeck de Carvalho
y Antônio Carlos

Amad a los Enemigos
Esclavo Bernardino
la Roca de los Amantes
Rosa, la tercera víctima fatal
Cautivos y Libertos
Deficiente Mental
Aquellos que Aman
Cabocla
El Ateo
El Difícil camino de las drogas
En Misión de Socorro
La Casa del Acantilado
La Gruta de las Orquídeas
La Última Cena
Morí, ¿y ahora?
Las Flores de María
Nuevamente Juntos

<u>Libros de Mônica de Castro y Leonel</u>

A Pesar de Todo

Con el Amor no se Juega

De Frente con la Verdad

De Todo mi Ser

Deseo

El Precio de Ser Diferente

Gemelas

Giselle, La Amante del Inquisidor

Greta

Hasta que la Vida los Separe

Impulsos del Corazón

Jurema de la Selva

La Actriz

La Fuerza del Destino

www.ingramcontent.com/pod-product-compliance
Lightning Source LLC
LaVergne TN
LVHW100309051026
849517LV00006B/2236
* 9 7 9 8 8 6 8 9 0 2 6 8 0 *